我们在这里
这里是北京

外国学者视阈中的
北京文化形象访谈文集

张朝意　李真　编

学苑出版社

图书在版编目（CIP）数据

我们在这里，这里是北京：外国学者视阈中的北京文化形象访谈文集 / 张朝意，李真编. -- 北京：学苑出版社，2018.9

　ISBN 978-7-5077-5559-6

　Ⅰ.①我… Ⅱ.①张…②李… Ⅲ.①文化事业—建设—北京—文集 Ⅳ.①G127.1-53

中国版本图书馆CIP数据核字（2018）第220590号

出 版 人：孟　白
责任编辑：李　媛
印制总监：张　翔
出版发行：学苑出版社
社　　址：北京市丰台区南方庄2号院1号楼
邮政编码：100079
网　　址：www.book001.com
电子信箱：xueyuanpress@163.com
联系电话：010-67601101（销售部）、010-67603091（总编室）
印 刷 厂：北京建宏印刷有限公司
开本尺寸：880×1230　1/32
印　　张：9.5
字　　数：140千字
版　　次：2018年12月第1版
印　　次：2018年12月第1次印刷
定　　价：58.00元

目 录

我怀念的北京
——专访德国汉学家顾彬 ………… 李先慧　余倩虹 /1

汉语腔·北京味·中国梦
——专访意大利汉学家马西尼 …………… 胡文婷 /15

芳草嘉卉，思慕中华
——专访英国汉学家吴芳思 …………… 陶欣尤 /33

从历史中追寻故土的记忆
——专访华裔学者汪荣祖 ………………… 李莹莹 /55

北京，大儒荟萃之处
——专访美国汉学家韩大伟 …………… 于　浩 /73

跋涉于东西之间
——专访日本汉学家内田庆市 ………… 郑　爽 /89

紫禁城里的法国耶稣会士
——专访法国汉学家梅谦立............于　浩 /105

笔墨纸砚，晨昏相亲
——专访英国汉学家司马麟............陶欣尤 /127

韩国的汉字研究：探索汉字的文化性
——专访韩国汉学家河永三............于　浩 /143

我真正的精神家园是北京
——专访奥地利汉学家雷立柏...........王寅冰 /163

一个与众不同的世界，一个等待再探索的世界
——专访西班牙汉学家马龙.............余倩虹 /185

人间有味是清欢
——专访关西大学奥村佳代子教授........王　静 /197

"呆萌"拉丁语外教
——专访北京外国语大学意大利专家麦克雷教授
.................................李先慧 /211

跨越历史的对话
——专访北京外国语大学叙利亚专家菲拉斯和瓦法
.... 罗咏诗　张　工 /225

星火之光，得以燎原
——专访北京外国语大学泰国专家葛潘·纳卜芭
.... 宋逸鸥 /241

从历史感知中国文化
——专访北京外国语大学韩国专家具滋元... 宋佳璐 /251

北京：一座令人时刻想念的城市
——专访北京外国语大学拉脱维亚专家玛丽亚
.... 张宜婷 /265

历史与现代交融的北京
——专访北京外国语大学法国专家刘安蓓
.... 王巍超 /275

后　记 /283

序　言

谁当授椽笔，论道在京华

　　这里是老舍所热爱的北平，从"雨后什刹海的蜻蜓"一直到"梦里玉泉山的塔影"，他不断回顾这令他魂牵梦绕的情景；这里是郁达夫所思念的北平，从"陶然亭的芦花，钓鱼台的柳影"到"西山的虫唱，玉泉的夜月，潭柘寺的钟声"，他反复描摹清静悲凉的故都之秋；这里是林语堂所牵挂的北平，当他在大洋彼岸回首京华故城的气息与韵味，"一个理想的城市，每个人都有呼吸之地，农村幽静与城市舒适媲美"；这里也是沈从文所感知的北京，当他独坐西山望月，那"小麻雀的声音，青绿色的天空，

我们在这里，这里是北京
——外国学者视阈中的北京文化形象访谈文集

山谷中的溪流，晚风，牵牛花附着的露珠，萤火，群星，白云，山泉的水，红玫瑰"，都牵动着对湘西故土的怀念；当然，这里也是汪曾祺所体会的北京，从不得不喝的豆汁儿到贴秋膘的驰名烤肉，再到潇洒自得早起遛鸟，几百年的胡同文化让他耳濡目染了老北京人"穷忍着，富耐着，睡不着眯着"的性格特点……

这是一年四季无一月不好的北京。这座独一无二的城市，对于无数中国人来说，不仅有着地理的意义，更有着精神的寄托。再来看看旅居北京的外国人，对于曾经在这里逗留过、学习过，以及仍然在此生活和工作的他们而言，北京是一个文化符号，也是他们中国情结的栖息之地。

本书收录了对19位汉学家、外国专家的访谈。采访者坦诚相访，受访者从心而谈，从书中很多段落都能感受到学者们的率性真诚、豁达宽容，以及对学术和事业的执着和热忱。无论是蜚声海内外的汉学大家，还是踏实执教的中青年教师，从离开故国踏上中国土地那一刻起，他们就开始了生命中一段奇妙的历程。从点到线到面，他们在这个东方古都里与人交往，乐享生活，论学同道，勤奋工作。异国、故土、求学、工作、读书、静思、远行、安居……缀联起每位老师的生命轨迹。

德国汉学家顾彬在50年前开始学习古代汉语时，李白、庄子、孟子就入了他的中国梦。当他退休后定居北京，北京人、北京话、北京生活让这个梦更加具象化。在他眼中，圆明园、颐和园和香山是他在这个喧嚣京城的一隅享受孤独和自在的精神栖息地。他爱这个城市，也盼望着老北京的京味儿可以在现代经济发展的挤压下保留得更久一些。

对意大利汉学家马西尼来说，学习汉语为他打开了通向中国的大门。他年轻时期在北京留学，在著名语言学家王力、朱德熙、陆俭明等先生的教导下，逐渐成长为中意文化交流的砥柱。虽然他已经离开北京多年，但依然对北京的胡同街巷、颐和园的湖光山色、北京大学的图书馆万分思念。

对中国的真心喜欢促成了英国汉学家吴芳思留学北京的机缘。40年前她在北京求学，虽然生活艰苦却挡不住学习语言和探求文化的热情。历史的积淀和传统的经典滋养了她的学术，丰富了她的阅历，让她对中国抱有最诚挚的感情，即使年近古稀依然在英国为传播中国古代文明的优秀成果贡献力量。

汪荣祖先生是著名的历史学家，他学养深厚、著作等身。他兴致勃勃地回忆起当年在北京拜会钱钟书先生并结下忘年之交的往事。汪先生对圆明园有着特殊的感情，通过搜集大量原始资料撰写了《追寻失落的圆明园》一书，试图透过文字去触摸已在历史的烟尘中湮灭的万园之园，去唤醒国人的历史责任感。

美国汉学家韩大伟教授多年来醉心中国典籍，皓首穷经，竭力从西方文献学视角来梳理汉学史，从西方经学视角来阐述中国经学史。对于韩大伟来说，大气是北京这座承载了几百年帝都文化的城市留给他的最深刻的印象，一首长达二百多行的《故宫行》是他内心感悟的真实写照。

日本汉学家内田庆市教授几十年来专注于汉语研究，在挖掘整理域外汉语研究文献的基础上，近年来又提出了"从周边看中心"的文化交涉学理论，他强调要重视亚洲各国在历史上的文化沟通与交融。内田教授多次来往北京与大阪,感受着北京的日新月异,这座城市承载了他青年时代的理想和激情,让他不时驻足回望。

法国汉学家梅谦立教授长期致力于明清之际的传教士及其著作研究,对几百年前来到紫禁城的耶稣会士们的活动进行了深入思考。明清时期是中西文化交流的第一个高潮时期,一批来华传教士远渡重洋进入中国,有部分获准居留北京在朝廷任职。他们将西方的近代科学传入中国,同时也通过翻译经典把中国的传统文化和儒家学说介绍到欧洲,掀起了18世纪欧洲的中国热,对启蒙时期欧洲的变革起到了推动作用。梅谦立呼吁要重视西学东渐和中学西传的双向过程,才能全面客观地还原16—18世纪中西文化交流的原貌。

英国汉学家司马麟教授曾经独力一人艰难支撑起杜伦大学的汉学系,从无一个新生入学濒临关停的困境,到最终迎来了100多名学生的中文教学新局面,期间的艰辛不足为外人道也。他曾多次访问北京高校,为中国学者的友善热情而感动。他希望北京能在发展中保有自己独特的建筑艺术，而非盲目追求标新立异的现代建筑，因为在他看来，最吸引人的地方应是最有民族特色的地方。

韩国在历史上一直属于汉字文化圈，对汉字的研究是韩国学术界的一个重要方面。来自韩国的河永三教授专注于古文字研究，他编纂字典、翻译《说文》，试图从中找到解密中国古代造字理论和字源研究的钥匙。他提倡在汉字文化圈内部建立汉字共通化，使彼此之间的文献资源、文化传统得以更好地解读和交流。

任教于中国人民大学的雷立柏教授一直耕耘在西方古典语言教学领域，出版了40多部著作。他深深地迷恋北京那些充满厚重传统和历史气息的古迹，推崇中国古代哲学家孔子经世致用的思想。他的理想是通过自己的努力在中国大力推广西方古典语言，为当代中国提供最直接的精神资源，重建一种西方古典文化和中国传统文化之间兼容并蓄的关系。远离家乡奥地利和家人朋友，雷立柏却从未后悔当初来到北京并扎根北京的决定，他为自己在华推广拉丁语教学取得的成绩而感到自豪，同时又为北京对他毫无保留的接纳而心存感激。

序言

另一位曾在中国人民大学执教的年轻汉学家马龙来自美丽的西班牙。来北京之前，他曾经无数次幻想过这个古老的国家是什么样子。当真正来到这里并生活数年之后，他爱上了北京，这里已经成为他的第二故乡。他喜欢安静悠然的北海公园，也喜欢美味的北京烤鸭，更喜欢海淀区高校云集的人文学术氛围。马龙认为，外国人在融入中国的过程中，不仅要主动学习中国语言，更要尊重并理解文化的差异。

日本关西大学的学者奥村佳代子已在域外汉语资料研究领域做出很多成果，令她念念不忘的是大学时代曾经在北京留学的一年。尽管当时物质匮乏，生活条件简陋，但因为学习汉语和古典文化的亲切感，她迅速融入了这个陌生又友善的城市。中国人含蓄的热情和默默的关心让初次离家的奥村感到无比温暖，就如同老北京的那些街头巷尾的家常小吃一样，这些温暖永远地留在了她记忆深处。

北京外国语大学拥有全国语种最多的外语专业，也拥有数量最多的外国专家。他们来自五湖四海，齐聚北京外国语大学，尽自己的力量帮助中国的青年学子学习对象国语言，了解对象国文化，为中国与世界各国的语言文化交流做出了巨大的贡献。

麦克雷教授是颇受同学欢迎的拉丁文专家。他来自意大利一个教育世家。在北京外国语大学期间，麦老师筹建拉丁语言文化中心，组织校园文化讲座，举办拉丁语歌曲比赛，每年自费组织拉丁语暑期班……他的课堂总是充满了欢声笑语，他的亲和力让中国同学不再惧怕枯燥的拉丁语学习。他赢得了北京外国语大学外籍专家"人气王"的美誉。麦老师身上那种意大利人与生俱来的热忱和率真，让他很快融入了在北京的生活。他对在北京城生活的体验和同中国人交往的习惯如数家珍，为让刚到北京的外国人生活更便利，他甚至编了一本《北京生活指南》。他真是名副其实的中国通。

在阿拉伯学院执教多年的两位叙利亚专家菲拉斯和瓦法夫妇对中国和北京有着深刻的认识。他们认为世界上很多大城市都无法与北京相提并论，因为北京的美是独特的，有着温情脉脉的人文关怀。虽然故国遭受战乱，他们内心时有无法纾解的悲愤，但在这里感受到了来自中国师生的关心与爱护，感受到了如归故里的精神慰藉。中、阿文明相距遥远，但彼此不能局限在一方狭小的天地。两位专家盛赞"一带一路"的倡议，认为通过重建陆上和海上丝绸之路，能够更加全面地沟通两个古老的文明，共同继承灿烂的传统文化遗产，也共同探索今日的复兴与崛起。

来自千佛之国泰国的葛潘教授已经在北京外国语大学工作了20多年，她把青春奉献给了中国的泰语教育事业。她热爱教育，工作勤恳，教学活泼，关心学生，是一位受人爱戴的老专家，获得过中国政府友谊奖和最受喜爱的外国专家奖。在北京生活多年、笃信佛教的葛老师习惯了简朴安宁的生活，为人淡泊，热爱自然。她感慨于当今各国社会的浮躁和急功近利，劝勉自己的学生不要忘记初心，要放缓脚步去感受学习的真正快乐，去体会平凡生活的美好。在她看来，能够远道来华为中国同学学习泰语发挥自己的余热就是人生最大的幸福。

韩语系的具滋元教授是北京大学历史系科班出身，不仅汉语语言造诣很深，而且对中国历史特别是先秦两汉的社会经济史有独到研究。他觉得通过学习历史名著能推动外国人对中国古代社会与文明的认知。尤其是《史记》一书，既提供了大量珍贵的历史资料，又兼具极高的文学价值，值得外国学生好好学习。有鉴于他所看到中国在经济发展过程中出现的一些问题，他衷心希望北京在保护传统古迹方面可以做得更好。

北京外国语大学欧语学院的玛丽亚老师来自波罗的海国家拉脱维亚，因为对中国文化的喜爱而成为当地最早学习中文的大学生之一。通过学习汉语，玛丽亚与中国结下了不解之缘。她读冯友兰的《中国哲学史》，深入研习过古老东方哲学的智慧哲理，深深为儒、道两家的思想和理论折服。北京悠远深邃的历史文化令她着迷，这里热情随和的人民让她有莫名的亲近感。玛丽亚觉得中国哲学里的很多文化因素已经潜移默化浸润到中国人生活的点点滴滴中，这才是最令她感动的地方。

法语系的刘安蓓老师来北京4年了，除了教授法语，她喜欢研读中国古代哲学经典，从中汲取与西方文明不一样的东方智慧。教书之余，她也爱骑着自行车穿梭在北京的大街小巷，慢慢品味这个城市的过往与当下，感受历史与

序 言

现代的交相辉映。她看到无数怀揣着梦想的人们从四面八方汇聚到这里,深深地被曾经经受挫折、遭遇磨难,但依然百折不挠、奋勇向前的这些普通中国人感动。

这些曾经或者依然生活在北京的外国或外籍华人学者们都有一片赤子之心。他们对中国真心爱恋,不回避中国的弊端,也欣喜于中国的进步,更折服于中国传统文化及厚重绵长的文明。回忆、欢喜、眷念、珍重和不舍,已经深入骨髓、融入生命,所以他们愿意以这样一种方式来书写最珍视的一个国度和一段记忆。本书字里行间展现的不仅仅是他们多姿多彩的人生,也是一代代长居京城的外国人关于理想、关于青春、关于中国的集体记忆。

王蒙先生曾言:"历史并不仅仅是一个记载,而且是友谊,是情致,是见闻,也是命中注定的悲欢离合、喜怒哀乐,将一代一代传下去。"多少个异国的生命在中国的首都悄然来去,那些他们在漫长岁月中沉淀下来的温情往事,虽有着时空的距离,却仍长留记忆深处,他们"北漂"的身影,也让北京和中国更加与众不同。

林语堂先生说:"什么东西最能体现老北京的精神?

是它宏伟、辉煌的宫殿和古老寺庙吗？是它的大庭院和大公园吗？还是那些带着老年人独有的庄重天性站立在售货摊旁的卖花生的长胡子老人？人们不知道。人们也难以用语言去表达。它是许多世纪以来形成的不可名状的魅力。或许有一天，基于零碎的认识，人们认为那是一种生活方式，那种方式属于整个世界，千年万代。它是成熟的、异教的、欢快的、强大的，预示着对所有价值的重新估价——是出自人类灵魂的一种独特创造。"

这是我们的北京，也是他们的北京。

李　真
2017年盛夏于京城

我怀念的北京
——专访德国汉学家顾彬

李先慧　余倩虹
北京外国语大学国际中国文化研究院

顾彬（Wolfgang Kubin，1945— ），德国当代著名汉学家、翻译家、诗人、作家。退休前为波恩大学汉学系教授，德国翻译家协会及德国作家协会成员。以中国古典文学、中国现当代文学和中国思想史为主要研究领域。主要作品有《中国诗歌史》《二十世纪中国文

（照片由北京外国语大学王欣提供）

学史》《鲁迅选集》（六卷本）等。2011年起担任北京外国语大学特聘教授，2016年获得中国政府友谊奖。

"差不多50年前，我开始学古代汉语，一个完全新的世界给我开了它的门。李白来了，孟子来了，庄子打了个招呼，我就进入了中国的梦。"从1967年的冬天到现在，顾彬已经在这个东方文化营造的梦中悠游了近半个世纪。2015年12月，顾彬刚庆祝了他的70大寿。年已古稀的他灰白头发，额头有抚不平的深刻皱纹，眼神深邃而充满智慧。他每天穿着斯文的深色衬衫，领带矜持庄重，语调轻柔，语速缓慢，不笑的时候神情严肃，笑起来却无比慈祥可爱。他是勤奋的学者、高产的翻译家、敏感的诗人。

"文革"时期初次来京

不管是因为李白的诗而与中国结缘，还是此后顾彬曾坦言自己想成为德国的李白，那个生活在唐朝狂放洒脱、拒绝了"摧眉折腰"的"诗仙"与这位当初毅然选择研究中国、被同学好友们视为是一个疯狂者的汉学家的相遇确实是一场美丽的意外。

因为被李白优美、典雅的诗意所触动,顾彬开始倾慕中国文学,并于1968年转入维也纳大学改学中文及日本学。当时他的这一选择不被周围人所看好,因为中文并不能让他找个好工作,另外当时的中国也不会和西德这样的"帝国主义国家"往来。

1969年,顾彬转到波鸿大学专攻汉学,兼修哲学、日耳曼语言文学及日本学。在波鸿大学,有一位叫霍福民的老师教授汉学。霍福民于20世纪40年代在中国待过5年,师从胡适。从霍福民那里,顾彬接受了严格的中文训练,并于1973年获波鸿大学汉学博士学位。

虽然那时来华很困难,但有幸的是,顾彬教授还是在1974年11月获得了一次到北京语言学院(今北京语言大学)学习汉语的机会,第一次来到了他向往的中国。大概是11月20日前后的一天,北京已经很冷了,零下十几度的样子,但太阳很好,蓝色的天空中折射出清晰而温暖的光。那时的北京还没有雾霾,车辆高楼也没有现在多,到了晚上7点商铺饭店就打烊了，路灯也少，就着黑夜的来临这个城市也入睡了。那是顾彬很享受的一段日子，可以在日落时看夕阳，在深夜安静地读书。来华之前他的心一直在古代，他曾去日本找唐朝，在京都的苔藓寺"见过"王维。来中国最初并非他的意愿，还有些为生计所迫的感觉。诸如"文革""红中国"一类的词汇对当时的德国人是陌生的，没有多少人感兴趣；顾彬所喜欢的也是唐朝的古中国，他学的是古代汉语。当时他在波恩大学读完汉学专业的博士，恰逢中国和西德建交，中德之间开始互派留学生。他的导师告诉他，这也许是他唯一能够学习现代中文的机会，他应该把握住，好好学。最初顾彬有些抵制，因为他的兴趣点在古代中国，他只想好好研究古代汉语。在导师的建议甚至是要求下，他才申请了北京语言学院的奖学金。后来他自己开玩笑说："要不然回国我只好做高中学校的老师。当时德国的大学不再招古代汉语的教师，相反的，需要教现代汉语的人。因此我容易找到工作，从来没有失业。连现在快70岁我也还有工作，不敢退休！"

1974年至1975年在北京语言学院进修的一年中，顾彬的学习重心就是现代汉语。据他回忆，在当时的北京语言学院大概有100多名外国留学生，大部分来自西欧、非洲和亚洲。这些留学生被按照语言划分，因此顾彬所在班级的同学都来自德语国家，包括西德、奥地利、瑞士、比利时和卢森堡等。给他印象最深的老师是马树德，当时在北京语言学院教授对外汉语，后来马老师还曾执教于波恩大学中文系，翻译了顾彬的《中国文人的自然观》等，二人也从最初的师生关系变成朋友。在北京语言学院学习的那段日子在顾彬看来是极为幸福和舒服的。中国给留学生的待遇极好，当时老师的工资是一个月60块钱，工人40块，一瓶茅台要12块钱，可是这些留学生一个月有100块钱补助，相当于两个农民家庭一个月的生活费。不仅经济宽裕，生活也很简单，他每天从早到晚唯一要做的就是好好学习中文，闲暇时去圆明园、卧佛寺散步，因而他对北京的古建筑群、寺庙、花园一直保持有强烈兴趣。

来北京之前，顾彬特意买了一本很厚的旅游指南，名字叫*NAGEN*，是外国人在中国用法语编辑的。这本书介绍了中国大大小小的城市，描绘了它们的历史、建筑、艺术、文学、文化……几乎是一本中国城市的大百科全书。到北京之后顾彬就每天翻翻看看，查阅北京哪里有宫殿，哪里有四合院，哪里有寺庙……然而，"文革"期间北京多数的殿宇、寺庙都是不开放的，只有颐和园、圆明园、香山、故宫、卧佛寺还是开放的，因此这几个地方就成了顾彬当时的常去之地。他喜欢这些地方，它们安静，人烟稀少又有大自然的热闹生气。

最惊险又惊喜的一次参观是在苏州的寒山寺。在北京语言学院学习期间，外国留学生是不可以擅自离开北京的，即便是周末想去天津，都要在离开和回来时分别在京、津两地公安局申请和报到。学校曾统一组织过两次全国旅行，一次在初春，一次在仲夏，分别去了郑州、石家庄、洛阳和南京、苏州、长沙。顾彬印象最深的城市是苏州。在他看来，"文革"时期的苏州还是明朝的苏州，古韵依旧。他最想去的地方是"寒山寺"——这个因张继《枫桥夜泊》一诗而名扬海外的古刹。记得那天学校安排他们参观苏州的一个拖拉机厂，但是顾彬对拖拉机不感兴趣，于是和两个同学商量了一下，决定偷偷跑去找寒山寺。恰好他随身带了NAGEN这本书，按照上面的提示准确找到了寒山寺的位置。终于来到寒山寺门前，虽然寺门紧闭，几个人还是高兴坏了。当他们在寺门前徘徊时，僧人开门来喊玩耍的孩子回去，恰好看到这几个年轻人，便邀他们一同进寺院中去。当年的寒山寺还保持着清幽古刹的风貌，周边环绕着河流和田地，散布着低矮房屋。"现在的寒山寺已经变成了theme park（主题公园）。"顾彬遗憾地说。

圆明园、颐和园与香山——顾彬的北京

在北京有3个地方顾彬经常去。"一个是颐和园，人不多。一个是圆明园，没有人。另一个是卧佛寺，那儿幽静。"读顾彬的诗，可以分明感受到其间透露出的安静的力量。大抵智者都是安静的，他们拒绝喧嚣和浮躁，只专注于沉静思考，沉淀思想。我所见到的顾彬就是这样的智者。而圆明园、颐和园和香山也似乎成了顾彬的精神寄居地。

圆明园在20世纪70年代还是一片废墟，里面住着农民，还有他们种的田地。顾彬常常在傍晚来到这里的一片山坡上，带着酒和面包，看太阳从西山落下。从光线熹微的黄昏坐到夜幕降临直至黑暗吞没了自己，静静地，享受沉默和真正的黑色。没有人，没有车，没有光，农民已经收工回家了。

提起卧佛寺，他这样说："很美，没有人，孤独死了……也好，我经常坐在那儿看书。"卧佛寺在香山，距离城中心很远，平时极少有人去，也因此得以开放，也就成了顾彬当时在北京唯一进得去的佛教寺院。1974年刚来到中国时，顾彬便发现了卧佛寺静谧的美。卧佛寺后面的樱桃沟却是不能去的，山也不能爬，因为后面有军队驻守，到处都树立着"out of foreigners"的牌子。卧佛寺给予了他很多的创作灵感，他写了很多诗歌、散文、小说，出了3本书，而这些书的中心思想都是在谈现代人在现代社会的渴望和困惑。在卧佛寺，他看建筑、看佛像、看花，和卧佛打招呼，佛像不孤独，他也不孤独。卧佛教会了他"得大自在"，让他克服自己的困难。人在现代社会被工作捆绑，生活节奏越来越快，越来越难得到这伟大的"自在"，但是人们需要它。顾彬在卧佛寺找到了，他在卧佛面前思索我们的存在，我们的自我，我们人的认识问题……思考空的问题，虚的问题……这是哲学性的思考。

香山人少，可以爬山、在林子中看书，这里还是他年轻时和夫人张穗子常常约会的地方。"香山饭店很美，非常美。这是世界上我最喜欢的饭店，最喜欢的。"提及最喜欢的北京建筑，顾彬不断重复的就是香山饭店。作为一个说话时每个字都要仔细斟酌的德国人，顾彬的语气透露出他对这个地方的绝对喜爱。香山饭店由建筑设计师贝聿铭主持设计，融合了中国古典建筑艺术和园林艺术之美，正和顾彬心意。采访时他还问我们是否去过这里，非常遗憾我们都没有去过，甚至在顾彬提到它之前也根本从未注意过这个地方，顾彬只得感叹："哎呀，你看看……"语气中不无惋惜。顾彬把对香山的喜爱和在香山的感受写成诗，题目就是《在香山》：

> 别再谈论花开
>
> 它们早就建议
>
> 也别再谈论树
>
> 你最好对玉石、泉水和山峦
>
> 沉默
>
> 一切早在一手之下
>
> 这唯一之手不是你的
>
> 它是守佛之手
>
> 守护佛的睡眠和所有的睡眠
>
> 在久醉的大地

顾彬出门喜欢骑自行车,尤其是在七八十年代,他能准确地说出从城中骑车到香山、颐和园所需的时间;只是现在生活节奏变快,高楼和公路迅速发展之后,再也找不回以前骑着自行车逛北京的感觉了。"原来的北京是世界上最美的城市,直到80年代,我还能骑自行车兜遍每一条胡同,不需要看地图。但现在北京成了陌生的城市,我不认识了。只有颐和园还有些熟悉的角落,藏着别人不知道的秘密,那是我的北京。"顾彬在一次采访中说。

北京的"脸"消失了

香港诗人梁秉钧曾说:"都市的空间不断变化,不断填入新的内容,我们对这些空间的感觉也在不断变化。我们总是发觉,这儿有点什么拆去了,那儿又有点什么建起来。"在香港,我们都身处在一个"消失的世界"。顾彬十分认同梁的观点,在他眼中北京也是如此。所以似乎现在的作家都不太会写城市,因为今天的北京,明天就消失了;今天的房子和道路,明天就又换了个样子……存在稍纵即逝,作家很难抓住它的样子,他们笔下的城市往往是空洞的、抽象的。顾彬心中的北京是老舍笔下的北京,是《骆驼祥子》和《正红旗下》里面的北京,活生生的北京人、脆响响的北京话、沉甸甸的北京生活交织出一个具体、生动的老北京,老舍笔下的北京是有人情味的。

现在的北京,似乎只剩下"车情味"了。

顾彬常常怀念七八十年代的北京城,没有那么多的高楼和街道，没有高架桥和宽阔的双向八车道，没有穿梭不息的汽车……可以清晰地记住从北语骑到香山的道路，可以骑车在胡同里兜转，可以出门不带地图，过马路也没有这么困难。就像柏林、维也纳或者他的故乡敕勒，即使已经阔别了50年，顾彬依然可以漫无目的地在道路上走，不用担心迷路，因为一切大都还是原来的样子。北京在快速发展，也在急剧变化，呈现出来的是一个不断在变脸、不断在消失的世界。顾彬在公园里看到蘸水写毛笔字的老大爷会长久地驻足……水不是墨，在太阳下很快便蒸发干净了，这是最直观的"消失"，就像我们每天都在做的事，像我们的生活，终究会随着太阳蒸发，也许会有记忆留下来，但记忆也不是永恒的。

以前的人住四合院，邻里乡亲都认识，谁家芝麻点儿大的事儿都瞒不住街坊邻居，在七嘴八舌的讨论和你知我知的透明关系中隐藏的是暖人心房的情谊。可是经济发展的潮流吞噬了胡同及四合院，飞涨的地价催生了雨后春笋般的住宅区，十几二十层的楼房小区挤满了上百上千人，邻里之间不认识，谁来谁去不清楚，铁门石灰掩盖了

我怀念的北京
——专访德国汉学家顾彬

纠葛、争吵、丑闻，也拦住了人与人的信任和真情。在顾彬看来，现代人越来越少关注历史、传统、美、文化，越来越多地考虑钱、方便、所谓的发展等；拆了四合院建高楼，也许生活更加方便，人们的精神却日渐贫乏。顾彬说，德国讨厌高楼，民主德国原来的高楼后来都拆了，没人想住在那里，他们想要的是能够与邻居互相认识的生活，房子四五层就够了。顾彬是忧郁的诗人，他关注人的内心和精神，这使得他在看快速现代化的中国和北京时，有不少忧虑和担心，他常说中国发展得太快了，房价和雾霾，这并不是人民想要的。

唐鲁孙曾在文中写："从前有几位上海古董界大亨到北平去观光别宝，回到上海说，北平有三样是上海比不了的，第一是北平的故宫的珍藏，第二是饭馆、茶叶铺、绸缎庄伙计那份殷勤，第三是果局子里那份排场款式。"这是他眼中北京的特点。顾彬说北京的特点就是它的四合院、胡同和寺庙，但现在越来越少了。无论是唐鲁孙笔下的民国北京，还是顾彬口中20世纪70年代的北京，说的都是最具特质的"京味儿"，是现代人最怀念的地方，因为现在除了故宫的珍藏,别样的痕迹多数消磨不见了。德文里有一个说法,"每一个城市都应该要有自己的脸",顾彬说,北京的"脸"基本上已经消失了,也许它还有现代性的"脸",但是这个"脸"在东京、在纽约,随处可见。

顾彬是热爱北京的,他是地道的北京女婿,他对北京的思考和偏爱有着哲学式的深刻和诗人般的忧郁,他爱的北京是老舍笔下形象生动的北京,是在圆明园、颐和园、卧佛寺中安静沉思时的北京,是四合院和胡同里热情洋溢的北京,是活生生的有人情味的北京……面对今日的北京城,他只希望可以慢点盖高楼,慢点修马路,慢点建工厂,希望身在北京的人都爱这个城市,就像爱自己的故乡……

汉语腔·北京味·中国梦
——专访意大利汉学家马西尼[1]

胡文婷　北京外国语大学国际中国文化研究院

费德里科·马西尼（Federico Masini，1960— ），意大利人，罗马智慧大学孔子学院院长、著名汉学家。曾因其在中意语言文化交流和汉语推广方面的杰出贡献，荣获由温家宝总理颁发的"中意友好贡献奖"。

（照片由罗马大学孔子学院院长张红教授提供）

---

1 本文部分内容在《中华读书报》2016年6月发表，题为《中文的难亦是它的美所在》。

我们在这里，这里是北京
——外国学者视阈中的北京文化形象访谈文集

在国内外发表了有关普通语言学、中西文化史、意大利传教士在华活动等论文90多篇。代表著作有：《现代汉语词汇的形成——十九世纪汉语外来词研究》（*The Formation of Modern Chinese Lexicon and its Evolution toward a National Language, The Period from 1840 to 1898*，与白佐良［Giuliano Bertuccioli］合编）；《意大利与中国》（*Italia e Cina*）；《意大利人学汉语》（*Il Cinese perg liItaliani*）；《维柯与东亚：中国、日本和韩国》（*Vico e l'Oriente：Cina, Giappone e Corea*）；《卫匡国全集》（*Martino Martini Opera Omnia*）第四卷。

罗马，这一不朽之城，随处可见的文化古迹承载着光辉的历史，摩肩接踵的游客传递着现代的气息。罗马中心火车站（Termini）作为意大利主要的游客集散地，终日人群熙攘；离它不远处坐落着一处文化气息浓厚的学术殿堂——罗马大学东方学院（Istituto italiano di Studi Orientali），它不仅是西方汉学研究重镇，亦是意大利人了解中国的窗口。这里与周围嘈杂的环境形成鲜明的对比，

汉语腔·北京味·中国梦
——专访意大利汉学家马西尼

走进大门扑面而来的是既静谧又鲜明的学术氛围，不时传来的朗朗汉语诵读声，让人产生时空置换的错觉，真切感受到中西文化交流的强力脉动。在这里，你会经常看到一位身材瘦削高挑的意大利人，说着地道的中文，步伐匆忙却沉稳，穿梭在院子的各个角落，他就是著名的意大利汉学家——马西尼教授。

一波三折的汉语之旅

西方研究中国的专家有很多，但真正懂汉语说汉语的却屈指可数。马西尼教授的汉语字正腔圆，对中文典故与古代诗词更是信手拈来，褐发碧眼的外表下仿佛安住着一个来自中国的灵魂。每当面对别人对自己汉语水平的夸赞时，马西尼总是犹如孩童般不好意思，说这属于"洋泾浜汉语，仍旧需要继续努力学习"。

当提及因何种契机与汉语结缘时，他的眼睛忽然闪烁起光彩，回忆之门悄然来到1975年。那是中意建交的第五个年头，东方这一大国对西方人来说不只是古老的象征，还是神秘的代名词。求知欲旺盛的少年马西尼，在书店偶然翻到几本关于中国的书，他如饥似渴地阅读着，被这个遥远的文明古国深深吸引。命运之轮似乎在此时开始转动，将这一少年与中国紧密地结合在一起。马西尼认为："历史由文字记载，了解一种文化，一定要学习它的语言，尤其是中国这样的文化古国，汉语书写历史，传承文化，它是打开中国大门的一把钥匙！"少年马西尼犹如探险的勇士般开始在汉语世界中摸索前行。

王国维曾说治学有"三种境界"，学习汉语又何尝不是呢？"昨夜西风凋碧树，独上高楼，望尽天涯路"——当时在罗马没有大学开设汉语课，也没有孔子学院这样的官方机构，马西尼只有自学汉语。1976年，意中友好协会设立了汉语课程，马西尼风雨无阻，每天下午6点到8点去打卡学习，当时所用的教材是《基础汉语》。他说："这是我第一次正式地与汉语接触。"在意中友好协会学习汉语期间，还发生了一件好玩的事儿。据马西尼说，"当时上课的都是外国人，所以我们在学习了几个月汉语后，就产生了想要一睹中国人'庐山真面目'的愿望，但是

汉语腔·北京味·中国梦
——专访意大利汉学家马西尼

当时在意大利的中国人很少,我们只有到大使馆去'蹲点',见到从大使馆出来一位中国人,我们兴奋坏了,连忙打招呼说'你好你好'……不过可能我们的发音还不标准……",说到这里,一向严谨的马西尼不禁哈哈大笑,因为这不仅有对青春的追忆,更是包含了一位汉语初学者在学习伊始的热情和不懈。

"衣带渐宽终不悔,为伊消得人憔悴"——可惜的是当时由于一些原因,意中友好协会被迫关闭,刚接触到汉语的马西尼忽然陷入无法学习的迷茫之中。所幸的是1976年,罗马大学东方学院开设了汉语课程。身为高中生的他满怀着对汉语的痴迷,甚至翘课去旁听中文课。当时学习中文的学生并不多,文字的复杂,语法的烦琐,让许多西方人望而生畏,但对年轻的马西尼来说,中文的难亦是它的美所在。"汉语不是难不难的问题,而是要看它离我们的母语远不远,对于我们来讲汉语很难,但可能对于中国人来讲西方语言就比较难。因为离母语愈远,学习的阻力则愈大,只有认清这一点,才能在语言学习之初有一个良好的心理准备。只有迎难而上,经历过初期的困难进入汉语的语言系统后,你才会发现它的灵动与魅力!"即便在马西尼进入罗马大学文哲学院学习哲学后,他也没有放弃汉语学习,不仅在课外继续自学,还于1980年申请奖学金奔赴美国伯克利大学进行汉语强化训练。集训课程艰辛却充实,更笃定了马西尼从事汉学研究的决心,并产生了通过普通语言学将汉语与哲学、思想史结合起来的想法。

"众里寻他千百度,蓦然回首,那人却在,灯火阑珊处"——对于学习汉语的外国人来说,日夜所神驰的应该就是踏上中国大地,亲自感受语言的活力和文化的魅力。30年前不比现在,能够获得机会前往中国学习汉语的外国留学生都是精英中的精英,而马西尼就是其中之一。

1983年9月马西尼获得了国家奖学金来到了北京语言学院(今北京语言大学)进修汉语。这弥足珍贵的机会让他分外珍惜。虽然当时生活条件很艰苦,一星期一次的热水供应,食堂里面永远是白菜唱着主角,但马西尼仍以巨大的热情投入到学习中,"各方面都很艰苦,但学校已经是在尽力给我们提供便利的条件。学习方面则是很好的,你

汉语腔·北京味·中国梦
—— 专访意大利汉学家马西尼

没有别的任务，唯一需要做的就是学习学习再学习……"在单纯的语言学习外，对普通语言学感兴趣的马西尼在获悉北京大学中文系有开设这样的课程，又开始了他的北京大学旁听生涯。彼时执牛耳于北京大学语言学的是朱德熙先生，马西尼眼中的朱德熙，平易近人，"我是班上唯一的老外，朱先生总是体恤地问我课堂上有什么问题，在北京是否生活习惯等等"。另外，朱老严谨的治学态度也给马西尼留下了深刻的印象，"我还记得一个星期六他给我们讲了一个语法规律，再过了一个星期，他来上课的时候就说'不行，我上次给你们讲的这个规律不对，因为我在公共汽车上面听到了一个人说了一句话，那句话就不符合我们上星期学的这个语法规律……'朱先生是非常聪明灵活的，他这种优良的学术作风对我的影响真的很大。"朱德熙先生后来还帮马西尼写了推荐信，故1984年上半年马西尼便从北京语言学院转学到了北京大学，开始投身于他的第一个研究项目——"索绪尔语言学对中国的影响"。

作为一名初出茅庐的研究者，马西尼还得到了王力教授的指导。他曾先后两次去王力教授家中拜访，二人围绕索绪尔语言学及中国语言学进行了深入的交流和讨论。在王力教授的建议下，马西尼开始翻看北京大学图书馆所藏的手稿，才发现"索绪尔的《普通语言学教程》早在50年代就已被高名凯译为中文，但由于当时只能用来自苏联的语言学家的语言学著作，所以这个手稿本扉页上不能署作者名。这份手稿对我的研究来说意义重大。在此基础上，我撰写并发表了人生的第一篇语言学论文"。

在谈到北京大学的这段经历时，马西尼还提到，"当时遇到的很多人，后来都成为各学界的领军人物，成为大家，这在我20多岁的时候是完全意识不到的"。如此说来，别人又何曾预料到那个骑着自行车穿梭在北京大学校园高大瘦削的外国年轻人，竟会成长为中意文化交流中的砥柱，用他的实际行动不断推动两大文明之间的沟通。"我们每天都在生活，如日常一般，看报纸看电视，谁都不会感觉到自己是身处历史这个宏观维度之中，不会想到自己的一举一动会成为历史长卷上的一笔一画，这就是历史的悖论和奇妙。"

汉语腔·北京味·中国梦
——专访意大利汉学家马西尼

回忆中的北京味儿

马西尼是土生土长的罗马人,却在北京先后生活了近6年的时间,他研究西方哲学出身,却以中国语言学立命。罗马给予他生命,北京滋养他生活,每年他都在两座古城中往返。

对于北京,马西尼感受颇深。"北京跟罗马最大的区别在于,罗马呈现的是千古的静态,而北京展示的则是日新月异的动态。无论什么时候回到罗马,那条街还是那条街,但是如果只隔几个月回北京,哪怕回海淀,每次都会看到新的变化……有一个东西没有变,那就是北京味儿!"那么什么是马西尼的北京味儿呢?

诗人北岛曾说北京的味儿有嗅觉也有味觉,悠远如箫的槐花味儿,地安门的点心香都可以让他午夜梦回到孩提时疯跑的胡同,鸽哨下静谧的北京。对于马西尼来说亦是如此,无论是校园食堂那冬储的大白菜,还是稻香村的芸豆糕,都给他的味蕾留下了一丝丝老北京的味道。

闲暇时,马西尼喜欢骑着自行车逛北京,那些历经沧桑的胡同对他来说如数家珍。"1983年的时候，前门南路那边都是小胡同，那时我就很喜欢去闲逛。这些胡同与欧洲风格完全不同，也没有完全被现代化，但在那种朴实中你可以感受到一种文化的积淀，老百姓左邻右里的寒暄，见到你后好奇与善意的问好，这些都是很宝贵的，可以称作为记录生活的活文物。可惜的是现在好多胡同都被拆了，有些被保留下来却被改造成为旅游景点，偏离了初衷。这也许是现在身处北京的外国人心中的北京，但已与我们那一代的北京不一样了……"说完，他有点惆怅地叹了一口气。

的确，每代人都有每代人的经历，亦有属于自己的回忆和味道。之于现代人，胡同象征着北京文化，拉客的人力车，脆响的铃铛，随处可见的异邦面孔，这些都是时代赋予胡同的新含义；而之于马西尼这一批老一辈的汉学家，胡同不仅仅是北京的象征，更养育着北京的文化。家家户户门前摆放的煤球，码好的大白菜，嬉戏打闹的孩童，响彻晴空的鸽哨，晒太阳拉家常的场景，犹如跳动着的文化因素，融入这位汉学家的血液之中。

汉语腔·北京味·中国梦
——专访意大利汉学家马西尼

马西尼所言的北京味儿还包括浓浓的人情味,这里面包含着难忘的师生情和真挚的同窗爱。朱德熙先生带领他认识中国语言学,王力先生不碍高龄与他切磋学术,陆俭明及马真也是他在北京大学的主要任课老师,帮助他不断夯实理论基础。这些前辈的关怀令马西尼至今仍感恩在心。人文学术在于养心,学会感恩则是养心之重,马西尼一直以这些老师的治学精神为榜样,在自己的学术道路上砥砺前行。

当时跟马西尼一样在北京大学学习的留学生来自世界各地,如美国、挪威、加拿大、荷兰、意大利、德国、俄国等,大家都住在外国留学生大楼。这栋楼至今仍保存在燕园中,这里封存了一个时代的记忆。这些留学生因为共同的兴趣——热爱中国文化而聚集在一起,在未名湖畔、博雅塔下都可以看到他们认真学习的身影。当这批学生学成回国后,都成了各国深具影响力的中国学家。"1983年十一的时候,我们一起在天安门广场观看阅兵,当邓小平从我们前面走过,高喊'同志们辛苦了',我们也在下面欢呼呐喊,这些仿佛还在昨天……"在中国期间,马西尼还结识了许多中国朋友。"那个时候我们约见面都是写信的，比如说我们明天晚上要见面，就需要今天写信，第二天他们就会在约定的地方等你。那个时候邮局对于我们来说太重要了！我们一起爬香山，一起逛胡同，那些日子真的很美好……"马西尼教授提到的这些同窗生活也许对于现在的我们来说很不可思议。我们已经习惯了电脑、手机、QQ、微信等各种各样快捷的现代聊天工具，随时在线的状态的确便利了我们的生活，但似乎也冲淡了人与人交往中那种醇厚亲切的浓度。马西尼眼中的北京人情味儿如同醇酒，纯净热烈的同时有着丰富的层次和内容，同岁月一起再度陈酿发酵，无论何时揭开盖子，扑面而来的香味都那么沁人心脾。

当我问到20世纪80年代的海淀区面貌时，马西尼说："当时没有四环也没有五环，只有一环和二环，三环处于修建中。五道口、中关村当时都是农村，人很少，基本没有汽车，只有公共汽车和自行车。北京大学到颐和园（之间）全是大片的农田。我当时宿舍的窗户朝北开，正好就是颐和园的方向。有时眺望过去，周围都很安静，广阔又

汉语腔·北京味·中国梦
——专访意大利汉学家马西尼

郁葱的麦田中矗立着一座无与伦比的皇家园林,那种视觉的冲击和历史的回应感如此强烈。"也许是这静谧又厚重的环境契合了马西尼深沉的哲学家情怀,他非常喜欢颐和园,读书的时候就经常独自骑车过去,一待就是整天。他在那里久久徘徊,不停地观察也在不停地思考,与古罗马斗兽场的荒凉悲壮不同,颐和园亭台楼阁,华丽精致,有皇家恢宏的气魄,但却见证了近代中国的辉煌与屈辱。历史的车轮悄无声息地驶过,如同园中的昆明湖水一般,涟漪泛起又回归平静。关于这片大地,关于自我的使命,关于他与中国的情缘,不知道马西尼教授是否在那里寻找到了答案。

授业者、对话者与研究者

马西尼自1994年在罗马大学东方研究所任教,1997年起在罗马大学东方学院任中国语言文学教授,2001年任职院长,2006年罗马大学孔子学院成立后,又兼任孔院外方校长。2011年他担任罗马大学副校长,主抓全校教学。

在学校中，马西尼教授的状态几乎可以用"奔跑"二字形容，有时候甚至午餐都顾不上吃，手拿面包边吃边跑向下一个"战场"。在他的努力之下，东方学院不仅培养了一批又一批汉学研究人才，罗马大学孔子学院也成为海外孔子学院的标杆。他仿佛是一名领路人，帮助意大利认识中国，走进中国。

工作虽然繁忙，但马西尼对上课丝毫不懈怠。每周的汉语课和中国文学课他都雷打不动地"授业解惑"，并称十分享受这种"教学相长"的过程。在教学中，马西尼教授一直主张将文化与语言相结合，"学习外语不仅是学习一门语言，还意味着学习一种思想、一种文化，一种全新的思考方法，来审视你周围的世界。虽然不是语言构建你的思想，但它会极大地影响你的思想。学习汉语，并慢慢进入中国文化，这个出发点是每个汉语学习者都应该把握的。我有一个同学，在美国学习的时候，他们对中国文化不感兴趣，只知道学习语言，这样的结果就是两者都没有掌握好，非常遗憾，而我现在就尽量帮助我的学生避免这样的情况……"马西尼认为作为老师，其主要的作用是为

汉语腔·北京味·中国梦
——专访意大利汉学家马西尼

学生提供视角和借鉴,去拓宽学生的视野并介绍良好的学习方法。针对"汉语难学"这个问题,马老师经常告诉自己的学生:"学习是没有捷径可言的,汉字难记,那就多写,汉语难懂,那就多听。此外,我还建议你们要多背,背古诗、背散文,这是多么美妙的汉语体验。我的老师白佐良当初也是这么要求我们的。背诵的时候要理解它,才会有'柳暗花明又一村'的顿悟。"所以,尽管马老师对学生要求很严格,但他的课堂总是座无虚席,这其中肯定有不少同学会继承老师衣钵,成为优秀的汉学家。

马西尼认为沟通中西进行汉学研究,语言是钥匙,理解文化、具有文化同情之心才是根本。早在北京生活期间,马西尼不仅与学者、同窗对话,也经常走出校园与百姓交流,"我喜欢跟大众聊天,每次出去旅游我也是选择火车,48个小时到香港,亦或是72个小时到云南,不是卧铺就是硬座,这对我来说都是很难得的机会。火车上都是人,而且他们大部分都没有见过外国人。当旁边坐了一个老外,而且这个老外还会说汉语,他们就会问你很多事情,你也可以随便问他们,这种交谈的环境跟在大学里,和跟在大城市北京都很不一样。不仅是新鲜,更多的是你可以更丰富跟深刻地了解这个国家的人民……"

中国跟意大利都是有着悠久历史的古国,在某种程度上分别代表着东方文明和西方文明。这两大文明早在秦汉时期就有了初步接触。元代马可·波罗的中国之旅更是为西方人描绘了一个"遍地黄金,绫罗绸缎"的东方古国形象,直接刺激了新航路的开辟和全球化时代的来临。"万历庚辰有泰西儒士利玛窦,号西泰,友辈数人,航海九万里,观光中国。"晚明时期,意大利耶稣会士利玛窦(Matteo Ricci,1552—1610)和罗明坚(Michele Ruggeri,1543—1607)踏上华土,不仅拉开了中西方第二次交流的序幕,更书写了中意交流的新篇章。意大利本土本身具备良好的"传教士汉学"研究的基础,进入19世纪和20世纪后,德礼贤、白佐良等一批汉学家则在前人研究的基础上继续深化并专业化汉学研究。马西尼在做语言学研究的时候亦是如此,他不仅认识到明清时期的文化嬗变是探究中国新词语产生的源头所在,更注意到不同文明因交流而愈加丰富,因互鉴而更为灿烂。"我很欣赏《论语》里面一

汉语腔·北京味·中国梦
——专访意大利汉学家马西尼

句话,那就是'温故而知新','温故'不仅是针对学习知识而言,对于不同文化如何展开对话,以及在审视自身文化的时候,我们都需要回顾过去,从历史中汲取经验和智慧。比如现在对中国文化来讲,面临的最大的挑战是与周边国家如何协调、融合,可是这个问题在过去就曾经存在并很好地解决了。过去中国文化以儒家文化为根基,传播到周围,甚至形成了一个汉文化圈,这个角度就很值得我们现代人思考。"

每一个汉学家都有自己的一个"中国梦",在马西尼看来,梦始于北京,无论是朗朗晴空下的万里长城,还是皑皑白雪中的紫禁宫殿,无论是未名湖拂动的柳绦,还是香山麓翻飞的红叶,这些都如同庄生的蝴蝶,每当翩翩起舞之际,就带领这位西方学人进入东方神韵的梦境,对他来说,唯愿长睡不复醒,因为那不仅是梦,更是他永恒的精神庙宇。

芳草嘉卉，思慕中华
——专访英国汉学家吴芳思[1]

陶欣尤　北京外国语大学国际中国文化研究院

吴芳思（Frances Wood, 1948— ），英国著名汉学家。1948年出生，1967年入剑桥大学学习中文，1975年至1976年先后在北京语言学院、北京大学学习。

（照片由北京外国语大学陶欣尤提供）

---

[1] 本文部分内容已在《中华读书报》2017年7月19日第19版发表，题为《芳草嘉卉、思慕中华——英国汉学家吴芳思印象记》。

我们在这里，这里是北京
——外国学者视阈中的北京文化形象访谈文集

1977年进入大英图书馆工作，负责管理中国典藏，长期担任中文部主任。代表著作：《中国插图》《马可·波罗到过中国吗？》《丝绸之路：亚洲中心的两千年》《留学北京》《中国第一个皇帝》《〈金刚经〉：世界上最早的印刷书籍的故事》《英国国家图书馆藏敦煌遗书》（与方广锠合编）等。近年已退休，现在伦敦生活。

2016年6月27日清晨5点，我早早从杜伦的寓所醒来，乘坐3个多小时的火车来到了伦敦。到伦敦有一件重要的事要做——拜访大英图书馆中文分馆前馆长，英国著名汉学家吴芳思老师。在"国王十字车站"下车，又经过一上午的周折，中午1点半才找到吴老师的家。约定见面的时间是2点，还有一段时间，我告诉自己可以先歇会儿了。附近有一个小小的公园，两张长椅，几株垂柳，幽僻阒静。坐在长椅上休息片刻，一直有些不宁定的心绪才平复下来。四周很安静，正是莺踏花枝的时节，小鸟闲闲地在空中飞过，阳光也暖洋洋的。偶尔一阵阵夏天的微飔从衣服缝隙中拂过肌肤，很舒服，也拂过柳枝，像是在抚弄细微的金

芳草嘉卉，思慕中华
——专访英国汉学家吴芳思

线。公园里听不到车马之声，除我之外，没有别的人。我闭上眼，想起杜伦地质系一位本家大哥的话："来这儿学习要学会享受孤独"——他说得真对。"享受"了十分钟后，我起身折回吴老师家门前，按响了门铃。

吴老师热情接待了我，将我引进屋内，告诉我早已在等我。我也将准备的小礼品送给了老师。攀谈几句后，我的朋友——南安普顿大学的小姜也到了，我之前请她来帮忙照相。向老师引见毕，调好录音笔，访谈正式开始。

研习汉语在康桥

首先谈到的还是"当初为何学习中文"的话题。吴老师介绍说自己出生在语言学世家，父亲专攻法语，长期供职于大英图书馆，母亲也在中学教法语。她很小就开始跟着父母念法文，到了中学又学习了西班牙文。两门外语长时间学习下来，都达到了较高的程度。

到考大学时，自然而然地想尝试一种与西方语言完全不同的语言体系。最初拟定了三种方向：日语、阿拉伯语、汉语。或许是冥冥注定，也没有经过什么思考，她不知道怎么回事，一下子就选了中文。"那不是个仔细考量的选择，只是当时一种疯狂的想法。"吴老师笑道。不过后来她还是非常庆幸自己选了汉语。20世纪60年代末期，日本比较保守，女性跟男性地位并不平等，阿拉伯国家也是如此，相比之下，中国的情况要好很多。1967年，吴老师顺利考入剑桥大学学习中文。刚接触中文时，感觉每个汉字都很美，体现着独特而丰富的文化内涵——"简直是进入了一个新的世界"——学习中文不容易，但从入学的第一天起，她就感觉到"无穷尽的快乐"。由于天天翻字典，第二学期时，她差点患上关节炎。据吴老师回忆，当时剑桥已经有比较现代化的语音教室，学生们可以清晰地看到老师发音的口型，汉字的笔顺也能在显示屏上一笔一画地展示出来，教学效率还是很高的。授课的老师们也不少，各擅胜场。现代汉语教师来自台湾，所采用的书本是美国汉学家德范克（John De Francis）编著的很厚的教材。学习的基本都是繁体汉字，到大四时，因为当时比较激进的英国学生要求能看懂《人民日报》，才开始教授简体

芳草嘉卉，思慕中华
——专访英国汉学家吴芳思

字。跟伦敦大学亚非学院、杜伦大学一样，剑桥对古代汉语也非常重视，初级教材同样是亚非学院"刘太太"（Yin C. Liu）编著的一些孔孟老庄的格言和小故事，此后即是直接阅读原典。古代汉语教师有鲁惟一（Michael Loewe）先生和荷兰籍的龙彼得（Piet Van Der Loon）老师。鲁惟一老先生现在还在世，已90多岁高龄，除古汉语，还教中国历史，尤其是汉代史。龙彼得老师则非常严厉，强调学生一定要用权威厚重的老字典，要对每个汉字追根溯源，本义、引申义等种种含义都要全面掌握。如果学生偷懒用了新字典，肯定会被老师发现，并引来严厉的批评："你干什么呢，白痴！""你看看你，想什么呢，蠢货！"当然，这些批评主要是针对男同学。作为班上唯一的女生，吴芳思老师颇受一些照顾，即便有时回答不上问题也没关系，只要低下头就可以了，老师不会说她。龙彼得老师对中国古典文献学研究很深，吴老师还有另一位同学毕业后在图书馆工作，两人常向他请教，老师也乐于为他们"开小灶"，彼此关系一直很好。

我之前采访过杜伦大学中文系的司马麟老师，当时司马麟老师的导师崔瑞德（Denis Twitchett）教授也已来到剑桥大学，开设唐代史课程。不过或许是太过醉心于自己的研究，崔瑞德教授不怎么来上课，理由千奇百怪，不是"得了某种奇怪的病"，就是"汽车轮子陷在洞里了"。常常是到学期末才来一次集中式授课，连着五六节的唐代史，讲上一天。但课堂质量都很高，同学们能学到很多，吴老师的感受是"精彩纷呈"，"绝对是第一流的"。

除去这几位老师外，剑桥大学还有别的教员，但年代久远，吴老师一时想不起来，她说等想起来后会再写信告诉我。我请吴老师总结一下学习汉语的心得，有没有什么学习窍门可供后学借鉴的。"就是不断练习，"吴老师回答道，"只有这一点，没有窍门，不要停下来，没有止境地去练习。"

求学深造在北京

1971年毕业不久，经英中了解协会（SACU：Society for Anglo-Chinese Understanding）副主席Derek Bryan推荐，

芳草嘉卉，思慕中华
——专访英国汉学家吴芳思

吴芳思与几位代表一起到中国访学一个月，期间参观了红旗渠、沙石峪等地，受到"贵宾"级的接待。当然，也去了北京。当时的北京几乎是乡村式的，大街上常可看到背负着一袋袋煤块的骆驼，房屋低矮，人们的交通工具也只有自行车。有一天深夜她半睡半醒间听到窗外忽然传来一阵异响，探头外望——月光下，一队队绵羊正"哒哒"地缓缓通过长安街。田园风光的北京很受英国访问团的赞赏，给众人留下深刻印象。

1975年，英国文化委员会（British Council）选派9名青年赴中国交换学习，吴老师因此再次来到中国。先是在北京语言学院学习，后经过考试又转到北京大学。这一年的经历令她终生难忘。当时中国还处于"文革"时期，生活条件非常艰苦，洗澡要和20多个朝鲜姑娘共用一个淋浴头。初来乍到，饮食上也不很习惯，最期盼的就是母亲每月从英国寄来的咖啡和奶酪。每天早晨上语言专业课，下午则参加各种活动：拔草、锄土，有时还会练习投掷手榴弹。学校为响应"开门办学"政策，间或也会让留学生去农村帮助农民捆白菜、插秧、割麦子，或者到王府井的百货大楼卖苹果。1975—1976年正是中国的多事之秋，吴老师及几位外国同学作为代表数次参加领导人的遗体告别，1976年临回英前还赶上唐山大地震。种种经历最后都被她写入2000年出版的《留学北京》（Hand-Grenade Practice in Peking：My part in the Cultural Revolution）一书中。

"生活这么苦，那有没有什么难忘的、美好的经历呢？"我问道。"有的，当然。我最喜欢游览北京的名胜古迹，颐和园、天坛，还有北京的四合院、胡同。闲暇时我就带上照相机，自己骑车出去，北京几乎每一条胡同我都走过。那时空气很好，也没有什么高大的建筑物，一抬眼就能远远地看到古观象台上摆放着的冲天的观天仪，非常壮观。我的父母从英国来看过我一次，父亲也很喜欢和我一起骑车逛胡同。北京的老师、同学对我们也很照顾，在饮食起居上为我们考虑很多。这些都是不会忘记的。"

转到北京大学，留学生可以同中国学生一起修历史课，吴老师的研究方向正是中国历史，每次都听得很认真。课前她也努力接触到了一些当时所谓的"反面教材"："有一次为准备有关明史的讨论，经老师同意，我借到了吴晗写的那本朱元璋传记,书写得实在是太棒了,我彻夜捧读,真是很了不起的书,可惜他那时被打倒了。"

1976年后,中国逐步对外开放,只要有假期吴老师就会来中国,尤其是1977—1988年,每年至少来三次,广泛游历中国各地。"中国变化很大,非常了不起。不过我自己还是更偏爱有名胜古迹的地方,像浙江的绍兴,重庆的大足,还有甘肃一些地方。四川、甘肃,是我最喜欢的。北京我原来也很喜欢,但是北京变了。习惯上,北京人指路都是'东南西北',绝少说'左右',70年代我听得明明白白的,但后来环形公路越修越多,我常常迷路。楼也越建越高,天际线上的观象台也看不到了。我们都知道这是进步所必需的,但有时还是不免会怀念北京原先的样子,希望北京能多保留一些胡同、四合院。"

马可·波罗到过中国吗?

每位采访吴老师的采访者都要谈到老师的代表作《马可·波罗到过中国吗?》(*Did Marco Polo go to China?*),

该书可谓集"疑马论"之大成,英文版1995年出版,1997年即被译介到中国,在学界引起巨大反响。我也请吴老师谈谈这本书,当时,包括现在依然有学者坚信马可·波罗来过中国。这一派中最著名的代表是已故南开大学资深教授、历史学家杨志玖先生。1941年,杨教授在卷帙浩繁的《永乐大典》中发现一段公文,其内所载护送阔阔真公主远嫁伊利汗国的三位波斯使臣名字与《游记》记载吻合,据此杨教授写成《关于马可·波罗离华的一段记载》一文,在国际学界引起轰动,蜚声士林,成为马可·波罗研究权威。对杨教授的文章,吴老师又怎么看呢?

"我的那本书出版后的确有不少反对的声音,不止中国,英国也有很多人相信马可·波罗去过中国,"吴老师说道,"但是还是有一些事情解释不了,比如扬州,马可·波罗说他在扬州做官3年,但历史中并无记载。《永乐大典》与《游记》吻合,也并不能完全说明马可·波罗就去过中国,那也有可能是他听来的。杨教授是非常杰出的学者,我非常钦佩他。2000年南开大学开学术会议,我也应邀参加,去之前我紧张极了,惴惴不安,毕竟我写了

芳草嘉卉,思慕中华
——专访英国汉学家吴芳思

书挑战人家的观点。到那才发现杨教授一点也不可怕,胸怀宽广,非常幽默风趣,对与会学者、组织会议的学生都非常好。事实上,杨教授跟我说他很感谢我写了这么一本书,那时他刚刚退休,感觉太清闲,看到我的书,一下子找到了退休生活的目标——写文章反驳它!生活因此又充实起来了。尽管我们观点不一样,我想杨教授至少同意我一点,就是要用'批判审慎的眼光看待材料'。在我看来,《马可·波罗游记》并不是一个人撰写的,其内容实际上是各种零零散散的、关于东方的掌故传说的大杂烩(a kind of ragbag of different bits and pieces of stories about the East),有些故事来自蒙古,有些来自波斯。要知道,《游记》出版后,欧洲人非常喜欢,一直有抄本流传。现在市面上的《游记》很可能综合了历史上50种手抄本(manuscript)的内容,其中一些抄本是1550年出现的,那时元朝早已灭亡,这种抄本记载的材料还有效吗?我们找材料最好要找年代靠前的版本,那样才比较可靠。"

"我明白了,马可·波罗1291年离开中国,1550年还有《游记》抄本问世,您怀疑这中间的两三百年间不断有人向里面添加新的材料,是这样吗?"

"对的,正是如此。我不认为《游记》是一个人写的。其实,就我而言,我现在也不是很在乎马可·波罗究竟去没去过中国,我想我这本书最大的意义在于提醒人们重视材料、证据的可靠性,从不同的角度,批判地看待它们,敢于提出不同的设想。"

话题转到学术研究,我向吴老师请教做研究的方法:"您作为著名学者,可否给后学一些建议,想到一个选题时,比如《马可·波罗游记》研究,您是怎么具体开展的呢?"

"也没有什么特别的方法,想到一个选题后,我想

《马可·波罗到过中国吗?》图书封面

芳草嘉卉，思慕中华
——专访英国汉学家吴芳思

最重要的是要广泛地阅读文献。大英图书馆的工作给我提供了很好的便利，找资料、复印都很容易。做《游记》研究时就是这样。搜集大量材料很重要。另外也很关键的一点是，阅读资料时要做些笔记，大概记下每本书讲的都是什么，可能有用的材料都出自哪本书。一开始，我们往往不清楚哪本书最有价值，就是泛泛地读，具体内容很可能就忘记了。过后反过头来再看、再找，会很花时间。做了笔记以后就会方便得多。"吴老师又特别提到如果治蒙古史要尤为重视学者的合作："写完《马可·波罗到过中国吗？》，我兴趣转向别处，没有再碰蒙古方面的题材。现在的年轻学者如果做相关研究，要与别人多交流。还是南开那次会议，有很多优秀的学者来，他们之间沟通得就很好。蒙古史材料涉及中文、蒙文、法语、拉丁语、阿拉伯语、波斯语等多种语言。会议上学者常说'我帮您看法语，您能否帮我看看波斯语的材料'，或者'我帮您看蒙文，您帮忙看看阿拉伯文？'，交流很融洽，大家都可以合作，没有什么藏私的。"

耕耘在汉学文献领域

1971年从剑桥毕业后，吴芳思老师先后供职于大英博物馆图书馆（1971—1972，British Museum Library）、伦敦大学亚非学院图书馆（1972—1977，SOAS Library）、大英图书馆中文分馆（(1977—2013，British Library)），在中文分馆担任研究员、馆长直到2013年退休。

吴老师到中文分馆工作时，大英图书馆高层刚刚意识到敦煌文献的重要性，即委派她负责整理敦煌文献的任务。用了一个夏天的时间，吴老师才将积压在箱子中的敦煌遗书整理好，放到条件好的书柜里。中文分馆还藏有许多敦煌残卷（fragments），此后多年，她想办法不断集资，请专业人士将残片逐一修复、保护起来，这项浩大的工程进行了很久。除去珍贵的敦煌文献外，中文馆还藏有大量的明清古籍。"大英图书馆的中文书主要是从18、19世纪时开始收集的，"吴老师介绍说，"当时在中国的船员、传教士会带回一部分，东印度公司也会大量采购，但他们中并没有多少人真正懂中文。带回来的书，多半都是

芳草嘉卉，思慕中华
——专访英国汉学家吴芳思

配有插图的当时的流行读物，纸张、印刷也比较低劣粗糙。所以明清的书比较多，有些确实很稀有，甚至是'孤本'，但在中国专家眼里，可能并不怎么珍贵。中国研究员偏爱宋代的'善本'，对这里的古书一般不怎么看得上眼，但我觉得有些书还是很棒的，像早期的普陀山地图，真的可以按图索骥，找到山上寺庙的位置，很有意思，世界上也就这么几册。"

20世纪70年代末80年代初，部分中国学者也可出国访学了。帮助来访学者查找、利用图书馆的文献，适应英国的生活，几乎成为吴老师日常工作的全部。很多事，比如带中国学者去市场购物，在我们看来，早已在本职工作之外，但吴老师认为只要能帮上忙的地方都要尽力帮。"那会儿跟现在真的不一样，信息交流不发达，在外国生活会遇到各种各样的困难，中国学者来英国，就跟我1975年去中国一样，都是进入不同的世界，有太多陌生的事物。我在中国受到很多照顾，中国学者来，我当然也要好好招待人家。"

在信息化的今天，留学生活就轻松多了。随着互联网的发展，很多时候，学者要查资料也已不必千里迢迢地赶来英国，大英图书馆相当多的典籍，包括大部分敦煌文献都已经数字化，有电子版上在网页上。如果电子版查不到，必须到中文分馆查阅的话，需带好3个证件：读者卡（reader pass，可在图书馆办理）、附有签名的银行卡，以及可证明永久居住地址的文件（中国居民身份证就可以）。

如果是查阅敦煌文献，则需要预约，且一般只向专业人士开放。不过吴老师当馆长时，普通中国读者想看看敦煌文献，吴老师也会想办法尽量满足。"现在图书馆藏有中文敦煌遗书约14000余件，算上藏文和其他语言，总数可达25000多件。敦煌文献是出自中国的文化遗产，我认为，理所当然地，每个中国人都有权利阅读。不过图书馆也要负责保护珍贵典籍，所以向普通读者出示的一般是塑封好的样品。"至于馆藏的编目方法，吴老师告诉我们，1966年起图书馆就以汉语拼音方案为参照进行过编目，这种做法甚至早于中国国家图书馆，1966年以前的馆藏编目方法则是威妥玛—翟里斯拼音方案。此外，还有以汉字为底版的目录。3个目录结合，查起资料来就方便多了。

在大英图书馆工作近40年后，吴老师于2015年退休。退休生活轻松惬意，但依旧忙碌，她最近正忙着写一本书，介绍中国一战时期的历史，每天笔耕不辍。"我喜欢和书本、历史打交道，也喜欢写作，现在也闲不下来。""那么，如果时间回到50年前，让您重新选择，您还会选择学习汉语，研究中国历史吗？还是会尝试不同的领域？"采访接近尾声时，"特约摄影师"小姜提了一个浪漫的问题。"当然，还是会选汉语，永远如此，"吴老师几乎不假思索地说道，"将中国介绍给世界，是很有意义的工作，我很喜欢。中国的历史与众不同，非常有意思，从研究中可获得很多快乐。"

对于中国的未来，吴老师也十分乐观。"中国的体量是英国所不能比的，人民勤劳又富有创造力，是世界上最具潜力的国家。今后如果能减少贫富分化，注意保护好环境，那就更好了，未来不可限量。"

一下午的时间，听吴老师纵论古今、评骘文章，我受益很多，但良晤苦短，不觉间日影已在西窗，我们不得不告辞了。将我们二人送出门，吴老师详细告诉我们怎么坐地铁，又对我说有什么没记清的尽可以随时联系。反复致意后，才挥手作别。出门时已经是黄昏时分，颇有些暮色四合的意味，但在这异乡的土地上得到长者的关怀，心里反而没那么"孤独"了。这些国外的著名汉学家为人随和，蔼然仁者，对中国学生非常热情，是对中国抱有真感情的朋友。这是我此番访学之行难以忘记的经历。我会时常想起这个六月温馨的下午。

后　记

　　半年前的采访，现在才笔录下来。实在内心有愧……写稿过程中，我翻看了《留学北京》，这本书详细记录了吴老师当年在中国的求学经历。其中有很美好的故事，有些片段也客观地反映了当时一些荒谬的社会现实，放到现在都很难以想象。但是这些都是在历史上的的确确发生过的，而且离我们并不遥远。吴老师在全书结尾说，那个时期许多人受到冲击，造成很多悲剧，"我们是忘不了

芳草嘉卉,思慕中华
——专访英国汉学家吴芳思

的"。为避免历史重演,中国也尤其不应该选择忘记。

书中还有两个细节也值得引起注意。某天,吴老师在孔庙前发现了一些很漂亮的木质牌楼。有人告诉她,陶然亭更多。她兴冲冲地跑到陶然亭,想拍些照片,结果陶然亭并没有什么牌楼,一打听才知道,原来"它们都被劈掉了"。还有一次,中文课上老师偶尔讲了李白的两首诗,这让吴老师和同学们都高兴不已,觉得比基础汉语和政治材料有意思多了。但是很快古汉语知识就不许再教,留学生为此颇觉失望。

一个民族是否延续着自己的民族精神,看看他们对自己历史文化的态度就知道。读到这两处时,真的有"痛心疾首"的感觉。现在的北京,"古都"的味道越来越少,"钢筋水泥丛林"的感觉越来越浓厚,看看窗外的"十面霾伏",是否到了应该好好反省一下的时候了?而现阶段的教育,又是否真的做到了对传统文化的重视?依据各方面的经验,不止对内要复兴传统文化,对外也应给予推广,原因很简单,世界上没有几个人学了几句中文的日常会话就会对中国文化心向往之,心生敬畏。在杜伦大学中文系，我亲眼所见，古代汉语课上就是老师带着同学逐字逐句地翻译经典，课堂材料都是竖排版繁体字，同学们虽然觉得难，但也都乐在其中，觉得很有意思。这是否对对外汉语教学工作能有所启发呢？同理，在外语学习中，似乎也应重视对对象国经典的学习。以英语为例，现在中国英语教育完全围绕日常生活展开，即是英语系的专业教材，里面的文章也多半是《读者文摘》这类的水平，市面上所谓的"最美英文"大多也不过是高级点的"鸡汤文"罢了。学生学了英语十几年，究竟接触到多少文辞优美、思想深邃，读完让人怦然心动的富有感染力的文字？至少以我自己的经验，似乎不多，"正经教材"里的文章远比不上Taylor Swift的歌词带给我的触动深。

　　前几日听了一位专家的讲座，她认为所谓"软实力"实际上应该是对内，而不是对外的。对此，我深以为然。子曰："远人不服，则修文德以来之。"这里的"修文德"当然是国人修，想象一下，如果每个中国人都洵洵儒雅，富而好礼，那几乎用不着宣传，中国文化自然会在世界范围内得到推崇。1976年，吴芳思老师的父母来北京看她。在北京大学,"我母亲看见我们的盥洗室和厕所,不禁流下了眼泪"。现在北京的物质条件应该不会让留学生的母亲们流眼泪了,但社会文化环境还有进一步提高改善的空间。只有物质、文化都繁荣昌盛到一定程度,对"远人"中国才会不仅可以吸引他们"来之",还可以让他们"既来之,则安之",让外国朋友从内心深处叹服。往者不可谏,来者犹可追,努力实现这个愿景,正是国人,尤其是我们新一代年轻人应去尽力追寻的。

从历史中追寻故土的记忆
——专访华裔学者汪荣祖

李莹莹　北京外国语大学国际中国文化研究院

汪荣祖（Young-tsu Wong, 1940— ），祖籍安徽，1940年生于上海，7岁随父母移居台湾，从小学到大学一直在中国台湾就读，大学阶段（1957—1961）就读台湾大学历史系，硕士阶段（1962—1965）在美国俄

（照片由北京外国语大学国际中国文化研究院提供）

勒冈大学（University of Oregon）师从 Dr. Paul S. Holbo 教授，博士阶段（1965—1971）在华盛顿大学（University of Washington），转向中国思想史，师从萧公权教授。先后出版《史家陈寅恪传》《康章合论》《史传通说》《史学九章》《从传统中求变：晚清思想史研究》《学林漫步》《诗情史意》《追寻失落的圆明园》（*A Paradise Lost: The Imperial Garden Yuanming Yuan*）等中英文专书18种、散文集2本；发表论文100余篇、书评40余篇。曾经荣获弗吉尼亚州立大学1994年度最高研究奖、弗吉尼亚州社会科学院1993年度杰出学者奖，《追寻失落的圆明园》一书曾经被全美研究图书馆期刊 Choice 评选为2001年度最佳2%学术著作之一。[1]

2016年4月，著名历史学家汪荣祖教授受邀来到北京外国语大学访学，为北京外国语大学的研究生做了题为"读史忆往"的学术讲座，讲述了他的求学经历以及治学心

---

[1] 汪荣祖简介，"国立中央大学"[引用日期2016-04-20] http：//in.ncu.edu.tw/hi/chinese/history04_wyt.html。

从历史中追寻故土的记忆
——专访华裔学者汪荣祖

得,在场师生都获益匪浅。之后,汪教授接受了笔者的访谈。随着对老先生了解的愈加深入,也就愈发佩服这位著名史学家的学识与襟怀。他今年70多高龄,读书求学与教书育人的时间也可说是一半一半,前半生远渡重洋,游学海外,后半生传道授业,著书立说。

醉心史学,师出名门

提到读书过程中的乐趣与苦楚时,似乎勾起了汪教授的回忆,他顿了顿,回答道:"当初考大学的时候,作文题目便是《读书的甘苦》,当然有甘有苦。乐趣嘛,当然很多,比如读书能有收获的时候以及文章能够发表的时候;苦嘛,那就是找数据的时候。在美国,都有研究助理(research assistant),但我不喜欢用他们,也不放心他们帮忙,都是自己找材料做研究。"这种自己去研究的方法恰恰是一种主动的求知。汪教授大学时期(1957—1961)就读台湾大学历史系,谈及当初选择史学作为专业的原因时,他说从中学时代便对历史感兴趣,并提到了几位在学习生涯中十分重要的老师。首先是吴博全先生。汪教授将吴先生称为体制外的启蒙老师。吴博全是前清诗人许承尧门人，前台北《联合报》总编辑，学识渊博，见解新颖。汪教授说："幼时觉得此人有趣，便时常找他玩，可是他不老是跟我玩，有空就教我读诗和作诗，长此以往，我对旧诗大感兴趣，当时背诵的一些诗，至今仍然记得。"

步入台湾大学校门之后，汪教授正式走进了史学的殿堂。他在台湾大学历史系就读期间，台湾大学可谓阵容强大，汪教授笑着说："当时以为了不得，可谁曾想外面有名的史学教授更多。"据汪教授所述，当时在台湾大学任教的有来自北京大学、清华大学的姚从吾、李宗侗、吴相湘、夏德义、刘崇鋐，来自中山大学的徐子明、沈刚伯、张贵永、方东美以及其他著名学者如方豪、杨云萍、李济等人。来自中山大学的徐子明被汪教授认定为是"惠我良多"。徐教授出身世家，家学渊博，又曾经留学海外，精通多种外语，学贯中西，精通西洋中古史、传统儒家经典，对中西方文化比较研究也可谓是成竹在胸。汪先生提道："我选读了徐教授的西洋中古史与国史选读两门课。

从历史中追寻故土的记忆
——专访华裔学者汪荣祖

国史选读是后来开的,第一学期选西洋中古史的时候,走进教室,才发现只有我一个人选了这门课,我只好在前排坐下。上课之后,身材挺拔的徐老先生走了进来,见到我一个人,并不觉得奇怪。第一节课,先骂人,骂胡适、骂反传统派。"说起来,徐子明与胡适的恩怨由来已久。徐先生虽然早年留洋,却主张国粹,反对五四运动和白话文运动,曾经写过《胡祸丛谈》一书,痛斥胡适等人。他虽在五四运动之后被视为保守的顽固派,但光明磊落的行为足以表明他的风骨与气节。汪先生接着补充道:"之后从第二节课开始,徐先生便在黑板上挂上彩色大地图,滔滔不绝地开始讲述,他的英文草书写得极好,至今仍存有遗稿。不过,因为只有我一个人上课,所以我不敢逃学,从头听到尾。"据汪教授所述,那时,徐教授已70多岁,可他从未缺过一堂课。如此精神,令人叹服。到了开国史选读课程的时候,学生已经多了一些,上课的时候,徐教授一个字一个字地讲《战国策》《左传》等要籍,字字必求正解,讲得非常清楚,对汪教授后来的学习非常有益。

1962年汪教授乘坐留学生包机前往美国,开始了异国求学的漫长路途。那个时代，出去读书的人没有不受苦的，我问道："您初到美国一定受了不少苦吧？"汪先生笑说："那个时候，不晓得自己要做什么，都是走一步算一步，当时年轻也不觉得很苦，就是去闯一闯。"汪教授接着讲道，1962年仓促出国的时候他身边唯一带着的一本书便是《翻译之艺术》，直到现在仍然保留着。这本书在那个时候成了一种精神滋养。大学毕业后，汪教授当兵一年，他分享了他自己在马祖东犬岛山洞里苦读吉朋（Edward Gibbon）的《罗马帝国衰亡史》（*The Decline and Fall of the Roman Empire*）的经历，觉得"与那时候相比，在美国求学的时候倒也不算很苦"。心中求学求知的炽热早已将异国漂泊的苦楚掩盖，取而代之的是获得知识所带来的喜悦。汪先生硕士阶段（1962—1965）在俄勒冈大学（University of Oregon）读了两年美国外交史，对中美外交史的问题和门户开放政策的真相有了深层的了解。在他1965—1971年就读华盛顿大学期间，转向中国思想史研究。当时美国的区域研究（area studies）有非常细致的分类，如中东研究、中国研究、日本研究等等，甚至中国史也分为传统中国和近代中国。汪先生以近代中国为主修，以传统中国、日本史、俄国史为副修，师从康奈尔大学博士、中研院首届院士、1960年全美卓越人文学术奖得主萧公权教授，萧教授对汪先生影响颇深，多年来，汪先生也致力于萧先生著作的传播。此举既是对知识的传承，也是对恩师的追怀。

亦师亦友，求知若渴

除前文提到的诸位良师，还有一些人值得一提，这些人对汪先生而言既是"师"，也是"友"。一位是钱钟书，一位是何炳棣。

1981年，作为第二批美国科学院（Academy of Sciences）美中交换学者之一，汪先生第一次回国，途经上海时，听到熟悉的上海话，勾起了对往事的回忆，可惜当时是直飞北京，未能在上海停留。到达北京之后，汪先生在使馆的安排下住在宣武门附近两层楼的向阳宾馆。他到北京后的首要事情就是去拜会钱钟书先生。汪先生说，他幼时倾慕其文采，很喜欢《谈艺录》《围城》，在钱钟书去美国访问的时候，也曾经写信给钱先生，之后便有书信往来，回国前也曾在书信中告知钱先生。当时的情况，凡拜访国内的人都要经过外事办公室安排之后才能见面，因而钱先生可能并未料到见面会如此之快。汪教授说道："到达北京的第二天，我就雇车到了钱钟书先生家，花了6块钱。他一开门，吓了一跳。"汪教授提到，他一共见过钱先生4次，探讨话题甚多，每一次都受益匪浅。后来，钱钟书先生为汪教授的《史传通说》亲笔写了序言，写道："吾友汪君荣祖通识方闻，贯穿新故，出其绪余，成兹一编。"

　　汪教授与何炳棣先生也关系密切。何炳棣曾任美国亚洲研究学会会长，也是迄今唯一一个华人会长。汪教授说："何先生学问很好，但脾气不好，所以得罪了很多人，没有什么朋友。"他个性坦然直率，学问严谨精深。他少时立下宏愿要考入清华大学，进而取得公费留美的资格，一直怀着一颗奋发进取的心，这在《读史阅世六十年》中描述得极为清楚。何炳棣先生对自己要求严格，难免也对别人苛刻,因此有很多人觉得他傲慢。何先生对人不留情面的批评是很常见的,他不愿意去伪装自己,敢于忠言,往往给人一张难看的脸,学界许多人都曾受到过何先生的批评。然而,真正相交起来,他却是个极为有趣的性情中人,也结交了一些挚交好友。汪先生在与何炳棣见面之前,何先生早已成名,一个声名显赫的大家肯与当时的后学交往,可见何先生绝不是一个爱摆架子的人。汪先生回忆:"关于《读史阅世六十年》一书的书评有很多,他说我写的最好。" 汪教授于2004年所写的《一个历史学家的历史——何炳棣著〈读书阅世六十年〉书后》中评论道:"他的成就得力于他的勤奋好学、孜孜不倦,例如他从来不回避问题,不惜自修钻研,为了讨论问题,他可以在电话上与世界上任何地方的专家长谈,颇有打破砂锅问到底的气概。说到气概,何先生南人北相,长得高头大马,望之森严,即之也温。做学问有关公耍大刀的气势,而其中却有其绵密得像绣花针般的细心。"[1] 此典故来

---

[1] 汪荣祖:《学林漫步》,南京:江苏教育出版社,2005年,第148页。

源于《论语·子张》："君子有三变：望之俨然，即之也温，听其言也厉。"何先生正是这样的君子，耿直不阿，不逢迎、不谄媚。据说著名汉学家费正清曾言："中国要有五六个何炳棣的话，西方就没有人敢对中国史胡说八道了。"

钱钟书与何炳棣皆博学多闻，为人不善交际，汪先生能与两位相交，足见其为人不凡。

传道授业，著书立说

1971年，从华盛顿大学毕业后不久，汪先生开始在美国弗吉尼亚理工学院暨州立大学教书。他说："第一年教学的时候挺辛苦的，因为要用英文教，而且我没有学过如何教学，所以只能自己摸索着备课。那时候主要教中国与日本历史，也承担一部分美国通史的课程。"当时他自己也没有想到，踏上三尺讲台，一晃就是30余年。数十年如一日，他将自己所有的精力放在教学与著书上，渊博的学识开出了灿烂的花朵，《史家陈寅恪传》《史传通说》

从历史中追寻故土的记忆
——专访华裔学者汪荣祖

《史学九章》《章太炎研究》《康章合论》《走向世界的挫折：郭嵩焘与道咸同光时代》《蒋介石评传》（与李敖合著）《学林漫步》《康有为》《追寻失落的圆明园》等十余种专著先后出版，数十篇论文相继发表。他获得了弗吉尼亚州立大学1994年度最高研究奖、弗吉尼亚州社会科学院1993年度杰出学者奖，专著《追寻失落的圆明园》（*A Paradise Lost：The Imperial Garden Yuanming Yuan*）一书曾经被全美研究图书馆期刊 *Choice* 评选为2001年度最佳2%学术著作之一。[1]

除了在美国教书之外，汪教授在中国台湾、中国大陆也曾讲授课程，可说是桃李遍天下。他还担任过上海复旦大学访问教授、"国立台湾师范大学"历史研究所客座教授、"国立中央大学"人文研究中心主任、"国立中正大学"文学院院长等职。即便是如今，他也依然担任"国立中央大学"讲座教授、"中央研究院"近代史研究所兼任研究员、厦门大学人文学院终身讲座教授、纽约Peter

---

[1] 汪荣祖简介，"国立中央大学"［引用日期2016-04-20］http：//in.ncu.edu.tw/hi/chinese/history04_wyt.html

Lang出版社中国近代史丛书（*Studies in Modern Chinese History*）主编、北京《中国文化》期刊学术顾问等职。[1]

汪教授说道："自然科学是没有国界，没有什么中国物理、美国物理，可是文史就不一样了，文史是有国界的，是多元的，在文史方面，要避免跟着国外走。"他想要将中国传统史学知识传承给一代代的学子，希望看到年轻的莘莘学子能撑起祖国的学术事业，使之薪火相传。

赤子之心，难忘故土

1981年第一次回国抵达北京后，汪先生专程坐火车来到上海。在上海出生，之后离开，多年后再次返回故土，似乎是一个奇妙的回归。正如前面所述，当飞机飞临上海的时候，就勾起了他儿时一些朦胧的记忆。当汪先生凭着记忆再次回到幼时住处时，刹那间，童年的回忆清晰地浮现在他脑海里，遥远却又真切。

---

[1] 汪荣祖简介，"国立中央大学"［引用日期2016-04-20］http：//in.ncu.edu.tw/hi/chinese/history04_wyt.html。

从历史中追寻故土的记忆
——专访华裔学者汪荣祖

对于北京,汪先生也颇多感慨。他1981年回国,到达的第一个城市就是北京,那时的北京与现在大不相同,如今似乎有些"洋化"了,高楼大厦、车水马龙,俨然是一副国际大都市的样子。发达先进的现代化北京取代了老北京,也在这一过程中失去了许多老北京的特色。胡同少了,马路多了;树木少了,行人多了;楼高了,车多了,四合院少了,大杂院不见了……归根到底,京味儿淡了,散了。除此之外,失落的还有传统的艺术。现在,时常看到人们进出电影院欣赏大片,然而肯花钱去听京剧的人却少之又少了。不知什么时候起,为生计忙碌的都市人群失去了让自己慢下来的时间和心情。台下描眉敷粉、台上身段婉转的京剧角色也少了些往日从容的味道。来北京的游客只记得无论如何要去爬一爬长城,吃一吃烤鸭,旅游景点人头攒动,繁华闹市接踵摩肩。在曾经风华无双的帝都里,每一个人都得到了很多,也失去了很多。倘若权衡利弊得失,恐怕我们失去的那些也是无比珍贵且无法重来的财富。

老北京城的美景自然也值得一说。单说景点,就有

我们在这里，这里是北京
——外国学者视阈中的北京文化形象访谈文集

故宫、天安门、长城、颐和园、圆明园、鸟巢、水立方、雍和宫、恭王府、十三陵等数十处值得一看。在这些名闻天下的景点中，汪教授最关注圆明园。1981年夏天，他第一次游览圆明园遗址。1986年，他与弗吉尼亚理工学院暨州立大学建筑学院的王绰教授一起为美国弗吉尼亚州立大学的荣誉学生讲授关于中国庭院史的课程。这两段经历促使他产生了一种想法：写一本关于"万园之园"圆明园的书。1986年夏天，汪教授再一次探访圆明园，并在第一历史档案馆找到一些原始文献，由此开始了写作的第一步。经过数年的努力，终于在2001年由美国夏威夷大学出版社出版了英文版《追寻失落的圆明园》（*A Paradise Lost: The Imperial Garden Yuanming Yuan*）。2004年台北麦田出版社出版了该书的繁体中文译本，2005年江苏教育出版社出版了该书的简体中文版，2010年外语教学与研究出版社推出中英双语版。最近又有了韩文版。十余年来多次再版，足见此书影响力之深远。

圆明园曾经有令人惊叹的美，如今却是令人落泪的伤。被法国作家雨果誉为"理想与艺术的典范"的圆明园

从历史中追寻故土的记忆
——专访华裔学者汪荣祖

于1709年由康熙皇帝主持建造,最初是赐给四皇子胤禛的,经历雍正、乾隆的扩建,基本形成了圆明三园的格局。之后又多次经过扩建和装修,成为万园之园。谁也没想到,一个半世纪之后,英法联军洗劫、焚毁圆明园,景观被毁,文物流失。圆明园被毁确实戳中了咸丰皇帝的内心,不久,他便含恨而逝。弥留之际,他将圆明园中的一枚印章交给了同治,这枚印章代表着咸丰皇帝对圆明园的深厚感情,也代表着他生前没能守住圆明园的悔恨。同治皇帝接过这枚印章,也接过了这份"恨"。悔恨与无奈交织在一起,强烈的痛苦难以言说,他开始致力于修复圆明园,可惜国库空虚,难以做到;但始终没有将修复圆明园的想法抛之脑后。1873年11月,同治皇帝下旨对圆明园进行修复,明知不可为而为之,这一举动自然从一开始就困难重重,财力、物力、人力、设计图纸等诸多方面都面临着困境。因为当初圆明园被损坏得太严重,而当时的财政也不容乐观,不过,他执着的行动也是能够被理解的。只可惜,圆明园虽经部分修复,却终究难以复原如初。1900年,多灾多难的圆明园又再次遭受八国联军的摧残。此后，圆明园几经风雨，成了如今我们看到的样子。而如今无论是谁站在那片断垣残壁面前，脑海里想必都会浮现出它曾经的富丽堂皇与被摧毁时的熊熊烈火。汪教授在书中写道："在那里为我所看到的仅是一片荒野，不禁勾起了我对过去的想象。我找不到一处地方可以看出这是由山泽之间精心设计的150多个景点所组成的巨大宫苑，更不用说那无数的建筑和亭台楼阁早已不见踪影。"[1]残破的圆明园带给中国人对那段屈辱岁月的深切痛苦，无论是过去、现在还是将来，圆明园遗址会一直牵动着中国人心底的伤痕。

汪教授是不主张修复圆明园的，因为无论经过怎样努力地修复，再也不可能恢复当初那个令人惊叹的万园之园了。它在历史中破碎和毁灭，我们只能透过历史不断追寻失落的圆明园，却永远不可能寻回真正的它。对整个人类历史来说，圆明园的毁灭也是一场巨大的灾难。试想一下，倘若圆明园仍然存在，那么今日人们想必依然可领略其风采，依然可以见到彼时精巧的工艺。可惜，一切不可

---

[1] 汪荣祖：《追寻失落的圆明园》，北京： 外语教学与研究出版社，2010年，第7页。

北京，大儒荟萃之处
——专访华裔学者汪荣祖

能被改变，我们只能接受，只能铭记，只能追寻。《追寻失落的圆明园》恰恰是这样一本书，值得去细读、深思，透过字里行间去追寻那远去的历史。书中利用原始文献，讲述了圆明园的建筑与历史，涉及兴起缘由、布局结构、组织与功能、扩建、焚毁及重建等各个方面，材料翔实，论述有力，不仅具有史料价值，也是追思圆明园、感怀历史的一种途径。透过这本书，我们能体会到汪先生的赤子之心，也进一步叩问自己对历史的责任。

远渡重洋，他是海外游子；三尺讲台，他是执教名师；著书立说，他是史学大家；眷恋故土，他是爱国学人。他有一杆如椽大笔，他有一颗赤子之心，在汪荣祖先生身上，我们看到的是他对于学问的认真严谨，对于祖国的真心热爱，这些都激励着年轻的学子努力为理想不懈奋斗，激励着我们向远方继续前行。

北京，大儒荟萃之处
——专访美国汉学家韩大伟

于 浩 北京外国语大学国际中国文化研究院

韩大伟（David B. Honey），美国杨百翰大学（Brigham Young University）人文科学院教授。著作颇丰，代表作包括：Incense at the altar: pioneering sinologists and the development of classical Chinese philology

（照片由韩大伟教授提供）

(2001), The Southern Garden Poetry Society: Literary Culture and Social Memory in Guangdong (2011); 中文著作《西方经学史概论》(2012), 发表论文多篇。近年来潜心研究中国经学,从西方经学的视角撰写《中国经学史》丛书。该丛书计划出版六册,第一册《周卷:孔子,六经和师承问题》及第二册《秦汉魏晋卷:经与传》即将出版。

经学,这门看似枯燥艰涩的学问,在一位碧眼西装的美国汉学家眼中却并非如此。韩大伟教授操着标准流利的普通话,举手投足间尽是儒雅谦逊的学者风度,加上其皓首穷经的钻研精神,让人很容易联想到中国古代大儒的风范。2015年10月,韩大伟教授再次来到北京这座文化古都并接受了采访,畅谈北京文化,分享经学研究心得。

醉心古诗——"梦里不知身是客"

韩大伟19岁时前往香港,开始踏上中国这片在他心

北京，大儒荟萃之处
——专访美国汉学家韩大伟

目中神奇的国土。他在港居住两年，学习广东话，"韩大伟"这个名字便是他的粤语老师起的。韩大伟对中国文化越来越着迷，于是决定更改他的专业，由主修小提琴改修中国文学和中国历史。

在进入中国文学和历史的学习领域之前，掌握汉语对于韩大伟来说是无法绕过去的一环。"我在广州生活时间较长，有广东话的背景，在广东话的基础上，只需改改发音、文法，所以学习普通话较为容易。"韩教授这样分享自己的汉语学习历程。2015年10月16日，韩大伟教授来北京外国语大学做讲座，为北京外国语大学师生带来《井底之蛙：我的〈中国经学史〉一套书》讲座。在讲座上，他专门邀请来自广东的学生用家乡话诵读讲义，并与他们用粤语对话。看来，尽管离开多年，韩教授仍对粤语情有独钟。

在访谈中，记者注意到，在韩教授的名片上除了有"韩大伟"这个名字之外，还有两个称谓——"思齐斋先生"和"南麓老翁"。请教之后，原来韩教授以教书育人为己任，时刻用孔子的"见贤思齐"来提醒自己；而他对广东的深厚情感则体现在"南麓老翁"这个名字里，在他心底，一直梦想像苏轼那样"不辞长作岭南人"。

鉴于对岭南的深刻情感，在精通广东话后，韩教授投入大量时间和精力来研究岭南文学，并开始写作《南园诗社：广东文人文化与社会传输记忆》[1]和其他的一些文章。近年来，韩教授也热衷于参加在中国举办的关于岭南文化的会议。在《南园诗社》一书里，韩教授翻译了岭南文学家的一百多首诗赋，比如张九龄的《荔枝赋》。

2006年，为写作《金陵文学史》，韩

The Southern Garden Poetry Society： Literary Culture and Social Memory in Guangdong（《南园诗社：广东文人文化与社会传输记忆》）书影

---

1 《南园诗社》指的是 The Southern Garden Poetry Society： Literary Culture and Social Memory in Guangdong，于2012年出版，是"Academic Monograph on Chinese Literary History/Literary Criticism"丛书之一。

北京，大儒荟萃之处
——专访美国汉学家韩大伟

大伟到南京实地考察，从此便与南京结下了不解之缘。韩教授兴致勃勃地谈论起自己写过的一篇文章：《龙盘虎踞以前的南京》。"虎踞"是诸葛亮用来形容清凉山、石头城的一个词，他形容南京的地势是"钟阜龙蟠、石头虎踞"。韩教授说，龙盘虎踞以前的南京是指秦汉时代、战国时代的南京。在南京期间，他经常参观南京的名胜古迹，去过清凉山、石头城、李鸿章的祠堂，还去过李后主的避暑行宫，韩大伟钟爱着南京保存至今的汉朝城墙、鸡鸣寺。他说，从"石头山"到"清凉山"的易名与南唐李后主有关，李后主将一座江防要塞改建为自己的避暑行宫，雕栏玉砌，风光旖旎。后来，宋太宗包围石头城时，李后主降宋，被押解汴京，写下了很多怀念故都金陵的词，其中很有名的一句便是"梦里不知身是客，一晌贪欢"。其实，用这句话来形容韩大伟对中国古诗词和中国文化的热爱也颇为恰当。在中国古代诗词的海洋里，他显然也是"梦里不知身是客"。

喜爱古都——"北京,大儒荟萃之处"

在中国的历代古都中,北京给韩大伟教授留下了极深的印象。韩教授说,文化是北京的精气神儿,是北京的灵魂和魅力所在。北京的文化体现在它所承载的历史传承关系和现存的文化要素中。他喜欢故宫,在第一次参观完北京故宫之后,韩教授把北京故宫和台北的故宫做了对比,写了一篇长达二百多行的《故宫行》[1]。近年来,韩教授多次受邀到北京故宫做报告,演讲的地方即是上书房的所在之地。他最喜欢故宫的文渊阁,但没有机会进去参观,后来有机会看到一张文渊阁内部的照片,发现里面竟然空空如也,令他颇为失望。

从红墙碧瓦到南锣鼓巷,从国剧脸谱到京腔京韵,这些最经典的北京元素,也是韩大伟教授难以忘怀的记忆。郭沫若故居、恭王府,是韩教授来北京的常去之地。他也喜欢纪晓岚故居、孔庙、国子监。

---

[1] 经韩大伟教授同意,本文收录了他的《故宫行》,附在访谈文后。

北京，大儒荟萃之处
——专访美国汉学家韩大伟

"我比较喜欢看关于纪晓岚的电视剧，比如《康熙微服私访记》"，韩教授笑着说。通过电视剧，韩教授尽量去揣度古代人的生活方式、物质环境。他愿意静静地在北京感受这个城市的文化氛围，"我喜欢北京的一个很重要的原因，就是因为北京是一个大儒的荟萃之处。中国很有名的一些儒学家便扎根在这个地方"。每次去故宫，可以真切感受到故宫的物质文化遗产所承载的大儒文化氛围。站在太和殿外，可以遥想当年能进入殿试的各地学子的身影，以及金榜题名的进士们踌躇满志的面容。韩教授提到，名著《红楼梦》是他了解中国古代大家族的物质生活环境、贵族生活方式的一个重要途径，这也是他喜欢《红楼梦》的原因之一。交谈中，韩大伟兴奋地跟记者谈起《红楼梦》里各种精致物件，如数家珍，大紫檀雕螭案、青绿古铜鼎、玻璃盆、楠木交椅，还有那临窗大炕上的猩红洋毯、梅花式洋漆小几、文王鼎、香盒……

作为海外汉学家的韩大伟意欲通过《红楼梦》作者对生活场景的描写，来尽量体会古代文人的生活环境。亭台楼阁、园林水榭便是古代文人墨客经常聚会的地方。他说中国古代的盐商比较有钱，愿意在经济上支持和帮助那些研究经学的儒家学者。

在中国生活多年的韩大伟深深感受到传统文化与现代文化相融合所带给他的影响和"惊喜"。去孔庙时，他注意到国子监街上有一些私塾性质的读经班。这些读经班以招收小学生为主，当然也有其他年龄段的学员。当被问及如何看待读经班在北京生根发芽的这种现象时，韩教授说："在这个年龄段，能够读读经，很好。而且能够培养一种兴趣，一种习惯，孩子们可以在读经班里汲取、浸透中国传统的儒家思想。"

采访过程中，让记者颇为惊讶的是韩教授关注一个城市的视角。韩教授每去一个地方，总会从历史的角度来观察它。他曾经开车从美国西部到东部的明德书院去教汉语，途中会经过一些空寂的平原。但是，如果从历史角度来看，印第安人、少数民族、牛仔都是很有意思的现象，所以，一路行来，他并不觉得乏味。因此，韩大伟认为，从历史的角度体验北京，会让人深深折服于古都城的"大气醇和"。皇城根下的人们，看朝代更迭，沧桑巨变，均

北京，大儒荟萃之处
——专访美国汉学家韩大伟

带着历史的气息。

倾情经学——"恰似经学为己畴"

自韩大伟在中国与经学相遇后，便沉溺其中，难以自拔。他用"恰似经学为己畴"表达对自己研究领域的倾情——对经学之钟爱，好比那向东流的春水。一首绝命诗[1]蕴含的无限愁苦在他的笔下顿时变成了"老骥伏枥，志在千里"的雄韬大略。韩教授对经学的研究与其深厚的西方文献学基础有着深刻的联系。他说，由于自小学习并喜爱拉丁文与古希腊文化，因此他喜欢做文献学相关方面的研究。1976年他开始进大学系统学习中文。之后，在加州大学伯克莱分校（UC Berkeley）获得文学硕士（1984）和博士学位（1988）。毕业后的10年间，韩教授开始从西方文

---

[1] 韩大伟教授的"恰似经学为己畴"改编自南唐李煜《虞美人·春花秋月何时了》中的"问君能有几多愁，恰似一江春水向东流"之句。《虞美人·春花秋月何时了》作于后主李煜被毒死之前，抒发了词人亡国之痛与沦为阶下囚之哀。宋代王铚《默记》卷上载："后主在赐第，因七夕命故妓作乐，声闻于外，太宗闻之大怒，……遂被祸云。"

献学视角撰写《西方汉学史》[1]，分析德国、法国、意大利的汉学家并评价他们的著作。

近年来，韩大伟教授潜心研究中国经学，试图从西方经学的视角撰写《中国经学史》丛书。他研究经学家所采用的评论框架对中国经学不无借鉴之处：1.他是否保存可能佚失的古代文献？2.他是否编辑或整理典籍？3.他编撰了何类的注解？4.他的文学批评有什么独特的地方？5.他在哪些方面利用了古典遗产？在治学方法上，韩教授则强调对比的重要性：对比中西；对比中国经学家（何晏与王弼，郑玄与王肃等）；对比经书；对比传输方法（文本传输还是口头传输）。韩教授以其所著《中国经学史》第一册《周卷：孔子，六经和师承问题》向笔者示例。

第一册集中展现了孔子的主要学术动机、教学方法以及各种阐释模式如何体现在后世的经学传统中。他关注的是作为经学家或至少是经学家原型的孔子在三个方面所树立的榜样：首先，孔子的教育聚焦在道德实践上；其次，

---

[1] 此书英文名字为：Incense at the altar: pioneering sinologists and the development of classical Chinese philology，于2001年由Amer Oriental Society出版。

北京，大儒荟萃之处
——专访美国汉学家韩大伟

孔子礼仪化地阅读经书；再次，孔子通过口头阐释，把道德教育与礼仪化的阅读融合在一起，即内在的道德是守礼行为的先导，口头阐释会巩固阐释者的道德品质。

韩教授在其《西方经学史概论》一书的前言中写道："若能于中国经学史上供经学诸方家以新的视角和思路，笔者便满足了。"[1]韩教授从西方文献学视角关注中国经学史无疑给中国经学研究方法以一种新的启示。西方哲学追求普遍的真理，其范围涵盖了认识论、本体论、宇宙论以及形而上学的宗教观；中国哲学寻找的是"治国平天下"的修德安民之道，是活跃在人世间的实用道理，而非形而上的抽象原则。西方对古代文献的实用之处体现在中世纪的"三种学道"中，即文法、逻辑、修辞学。这三种方法构成了西方历代分析和评注古代文献的"四种学道"：音乐、数学、几何学、天文学。这与中国的"五经"与"六艺"有着极大的相通之处。

中国的经学，历史源远流长，向来是一门显学。然

---

1 ［美］韩大伟：《西方经学史概论》，上海：华东师范大学出版社，2012年，前言第2页。

而，正是这一门从历史走到今天的显学，在今天的社会环境下似乎失去了光辉。当谈及现代社会经学被打入"冷宫"这种现象时，韩教授也表达了自己的忧虑。他说，现代人都在寻找自己安身立命的一席之地，挣钱、投资……望子成龙的家长都想把钱投在小孩子身上。韩教授提倡，中国人应多阅读自己的古典文献，它们会告诉我们人类文明是怎样产生的，人对自己、对社会、对自然应该持什么样的态度。现代的中国人也应读读西方的古典文献，因为梳理和探索西方文明的根源和脉络，是反观中国的一面镜子，也是整合并弘扬中华文化价值的重要一环。在现代社会里，很少有人去细细琢磨传统的美和价值，因为，他们明白，靠这些东西无法赚钱，这是一个时代的悲哀。教师属于寒士。选择做学问，的确就是选择了"一贫如洗"。

韩教授的"一贫如洗"让我想到了另一个词语——"一身如寄"。一代又一代像韩教授一样的中外学者，甘愿在这白驹过隙的人生旅途里，忍受清贫，守望传统，在自己所钟情的研究领域发挥光和热。

北京，这座承载着厚重历史积淀的古都，带着深远

北京，大儒荟萃之处
——专访美国汉学家韩大伟

厚重的人文底蕴、温和敦厚的人情风貌、包容开阔的气度胸怀。北京有责任将这份中华民族的文化命脉传承下去，北京欢迎着每位前来探寻这座古都的"孩子"。诚如北京外国语大学韩震书记在2014年接受《北京日报》采访时所言，"北京不能脱离中国这片广袤的土地和深厚的中华文化的滋养……要立足中华民族的国家利益，不断创造，推陈出新，打造出无愧于时代的优秀文化"。这也是所有热爱北京的中西学人的共同愿望。

附：《故宫行》[1]

2010年10月、11月访故宫二所有感，飞回美时草以抒情。

师兄[2]赐惠意精诚，邀弟演讲进皇城。

溢美逾厚才则薄，心慌意乱恐不称。

君身教深文品精，心慕手追气方平。

受任易却亏君难，忍从奉命故宫行。

---

[1] 诗中的注释皆为韩大伟教授原注。
[2] 故宫博物院研究室教授王素。

良辰嘉日起长程，路绕曲多终北升。
经由津门故钦港，和平线驾进燕京。
秋日亥时天气晴，玄武大门女史迎。
女史故知道合友，京畿老手导览明。
漫步内廷后方场，御园幽静慢游赏。
当日皇家休闲地，今日游客喧哗响。
直走轴线御道长，红砖瓦顶四面行。
三殿六宫八卦形，结构纹饰九五彰。
地丈赪红甃砖金，瓦当琉璃脊梁阴。
宝座二旁对联悬，圣旨启发君臣心。
建极绥猷治天下，与和气游修身暇。
古阁今藏四方宝，玺鼎画瓷均无价。
历次游览藏书楼，武英文渊官本搜。
正宫改为资料室，省中文物历历搜。
四库余氲依然在，经年终钟[1]藏书宅。

---

1 钟：集中。

北京,大儒荟萃之处
——专访美国汉学家韩大伟

万卷皕宋[1]勿自令,经史子集眼前开。

养心殿内三希堂,皇后登极更稀罕。

垂帘听政阴气溢,帝天佛[2]老益习悍。

御殿听政无奈改,帷后傲视百姓骇。

明君难养威胁下,救国勋臣安在哉!

乾隆流杯令酒啜[3],珍珠井谷[4]佳裳浞。

当年深处水虽污,百年怨泪渐渫濯。

满目辉煌无穷赏,时近演讲弗徜徉。

皇气援力力不够,膳房充饥嘉宥尝。

聚集兆瑞旧书宬[5],此处皇子修学成。

书房谙达[6]余威存,不揣献丑望志呈。

---

1 万卷楼和皕宋楼均为著名藏书楼,前者暗指故宫藏书之丰富,后者指其善本之稀罕。

2 "佛"指老佛爷慈禧太后。

3 行酒令前,由主令者先饮一杯,谓之"令酒"。见《红楼梦》第四十回。

4 "井谷"指井穴(《周易·井卦》)。

5 "宬"为古代藏书室,亦皇史宬。指皇子、皇孙读书之处。兆瑞房实为上书房的前身。

6 "谙达"为满蒙师傅,指御师傅。

我们在这里，这里是北京
——外国学者视阈中的北京文化形象访谈文集

末代状元刘春霖[1]，独占鳌头方息心。
太和殿旁喜传胪[2]，不及演讲生还欣。
月后应邀远赴台，暇时趁机故宫徊。
转心瓶贵青瓷珍，展品一律极精彩。
朱熹真迹灵魂存，见贤思齐励志循。
赫赫毛公铜器鼎，款式籀文深感铭。
深愧学浅篆不识，立誓日后终自精。
台北故宫亦辉煌，展品神奇平吾慌。
姊妹博馆并齐驱，唯北楼阁自发光。
多少英才兹献身？多久冤鬼尚怨存？
故宫新貌邀客来，客众日步扫此痕。
悠悠历朝千年流，匆匆一日尽此游。
自许遥返佳丽地，文化精髓怀古求。

---

1 刘春霖（1872—1942），中国科举制度中最后一位状元。
2 科举时代殿试揭晓唱名仪式。

跋涉于东西之间
——专访日本汉学家内田庆市

郑　爽　北京外国语大学北京日本学研究中心

内田庆市（Keiichi Uchida），日本关西大学外国语学院教授。现任日本中国语检定协会常任理事，长期从事日本的汉语教学及中国语检定考试的推广工作。除此之外，研究范围还涉及域外汉语、文化交涉学等领域，并出

（照片由内田庆市教授提供）

版《文化交涉学と言語接触——中国言語学の周縁からのアプローチ》(《文化交涉学和语言接触——汉语语言学的周边研究法》,2010)、《漢訳イソップ集》(《汉译伊索集》,2014)、《語言自迩集の研究》(《语言自迩集的研究》,2015)等学术著作。

一

早春的北京,空气中还透着点微凉。正值"中、日、韩第九届研究生论坛"在北京外国语大学举行,论坛间隙,我有幸采访到了日本著名的中国学家内田庆市教授。

"我学习汉语已经40多年了。"一开始,内田老师就向我娓娓讲述自己的汉语学习之路。初进大学,作为"国语学"(日本语)专业的学生,内田老师一直志在"国语研究"(日本语研究)。那个时候,汉语对他只是学校课程中的一门"第二外语"。"虽然那时除了英语之外还有法语、德语等其他选择,但是国语国文专业的学生都会选择汉语。"提起自己选择汉语的缘由,内田老师就跟无数

跋涉于东西之间
——专访日本汉学家内田庆市

普通的大学生一样,将语言学习的难度列入考虑之中。

"我选择汉语,一方面是对汉语很有亲切感,另一方面是觉得汉字对日本人而言可能会比较简单吧。"我点头称是,这时内田老师反而笑道:"我万万没想到的是,汉语竟越学越难了。"

正是汉语进阶的难度,激起了内田老师学习的热情。大学毕业之时,内田老师便暗下决心,要投身中国语言的研究之中。都说汉字是汉语学习的难点,那么对于早已熟悉汉字的日本人而言,汉语究竟难在哪里呢?对此,作为汉语研究的专家,内田老师如是说:"语言的选择运用不仅是语言观的问题,更是文化观的问题。即便是'内外'这样的基础概念,日、中两国的理解也都是不一样的,而这样的文化差异会直接反映在语言上。"老师介绍说,比如日本的电车站台总会贴有"白線の内側でお待ち下さい"的标语,以提醒乘客保持和轨道的距离。而在汉语中则变成了"请在白线外侧等候"。一个说"内",一个言"外",这其中的玄妙,恐怕唯有语言文化双管齐下才能一窥究竟吧。难怪内田老师打趣道:"日本人要是光学习汉语，不了解中国文化的话，到了中国车站可一定要"见机行事"才行，不然可就麻烦啦！"

考试总是与语言学习相伴相随，这不光是对学习者语言能力的检测评定，有时更成为激励学习者的动力。在日本，汉语学习者要经过"中国语检定考试"和"汉语水平考试（以下简称HSK）"两座大山的考验。虽说这两种考试各有特点，但仅就日本的汉语学习者来看，中国语检定考试更具人气。内田老师表示："中国语检定考试的优点在于根据日本人汉语学习的学时情况将考试划分为6个等级，可谓是为日本人'量身打造'的汉语考试。"虽说中国语检定考试主要面向日本汉语学习者，可并非只有在日本才能参加。近年来，在内田老师等人的推广下，中国语检定考试也在北京、上海、新加坡等地设立海外考点，这对于留学海外的日本汉语学习者而言，无疑是一个巨大的福音。

"我希望能有更多的日本人学习汉语，了解汉语，真正体会汉语之美。"一方面出于这样朴素的愿望，另一方面又深感日本汉语教学实践中产生诸多困难，内田老师

跋涉于东西之间
——专访日本汉学家内田庆市

多年来为汉语教学改革，特别是汉语教材的编写投注了巨大的心血。在老师的努力下，其所在的关西大学也成为日本汉语教育研究的重镇。据他介绍，除了中文专业的同学之外，关西大学大约有5000人将汉语作为第二外语学习，而这个人数，占到了在校生总数的六分之一。我曾在北京接触到了许多来自关西大学的日本留学生，短暂的相处中，我曾数次为他们流利的汉语感到惊讶，也为他们的认真好学而折服。当我把这段经历告诉内田老师，向他表达我的敬佩和感动时，面前的这位名教授显得有些不好意思，"谢谢。但我们还有很多的事要做，很长的路要走"。

二

或许是性格使然，又或许是多年的汉语学习经历和教学经验给了他不一样的视野，内田老师始终在思考如何跳出传统汉语语法研究的限制，以新的视角重新审视汉语中

的问题。"我很喜欢小琼佳[1]的一句歌词，'誰のようにも生きられず、誰のようにと生きもせず'[2]（不能活得和别人一样，也不要活得和别人一样）。每个人都会羡慕别人，希望像别人那样生活，可是这是做不到的。人和人本来就不一样，我们也不能骄傲，要尊重别人和自己不一样的地方。"正是这样的信念让内田老师意识到每种文化都是平等的，都有被发掘、被研究的价值，也让他开始探索借他国之眼研究汉语的可能性。

谈起自己的域外汉语研究，内田老师打开了话匣子。他向我介绍说，近年来他主要将目光放在"西学东渐"与语言的关系上，即在"西学东渐"的浪潮之中，中国人如何理解、接受欧美的近代技术文化，又如何把这样的"新生事物"融进自己的语言中。"'望远镜'这个词，汉语以前可是没有的。这个词的英文是telescope，tele是看远处，scope是镜，合起来就是望远镜的意思。可是，汉语

---

[1] 小琼佳（Kei Ogura），日本著名作词家、作曲家，代表作有《夢追い人》（《追梦人》）、《彷徨》等。
[2] 歌词出自小琼佳曲目《孤高の鷹》（《孤高之鷹》）。

跋涉于东西之间
——专访日本汉学家内田庆市

中少有这样的抽象表达,所以一直用的是'千里镜'。不光是这个词,还有像'万里长城''一条河''一条蛇'这样的词,你会发现汉语的词汇都很具体,没有什么抽象的概念。这是汉字造成的问题,汉字本来就是从具体事物中造出来的。"他顿了顿,继续说道:"尽管有先天的不足,可是一个民族的语言中总还是要有哲学、宗教等抽象的词汇,这就需要向其他语言学习和借鉴了。你知道在《马氏文通》之前,汉语是没有语法的,只有实词、虚词这样的分类。马建忠在接触传教士、接触西方语言之后,深感语法对于语言研究的重要性,才仿照拉丁语法写成了《马氏文通》。"的确,词汇的吸收创造,是西学东渐在语言层面最为直接、最为清楚的反映。正如内田老师所说,有关语言其他维度的问题,有时也可以为我们审视中西交流提供新的思路和视角。

谈起西学东渐与中国语言的关系,我们的第一反应往往停留在汉语吸收欧美新词、模仿拉丁文法构筑语法体系这些方面。中国自身如何主动学习借鉴西方固然重要,可是彼时西方人眼中的中国、传教士理解的汉语又作何模样呢？这些来华外国人在最初接触汉语的时候，如何标记读音、如何书写汉字、如何梳理语法，也应成为我们研究汉语的重要参考。内田老师在其著作中，曾以"旁观者清"[1]一词精准概括了西方汉语文献的价值所在。"旁观者清"，清在何处，又何以清呢？

"一横再一竖，是'十'，上下各一横，成'王'，左边点一点，就是'玉'了。"内田老师一边在笔记本上比划，一边说起了葡萄牙耶稣会传教士曾德昭在《大中国志》中对"玉"字结构的描述。"左边点一点？"仿佛早已料到了我的反应，内田老师笑了笑，不慌不忙地说道："汉语之中不是有'左青龙右白虎'的说法吗？除了这个，还会说'青龙在东，白虎在西'。可是你看，如果按照'左西右东'来说，不是应该青龙在西边，白虎在东边么？"汉语中"左右"的概念是什么？中国人又如何区分左右？在内田老师看来，这是十分重要的问题。"然而中国人却注意不到，因为太熟悉了，太理所当然了，习焉不

---

[1] ［日］内田庆市：《文化交渉学と言語接触　中国言語学における周縁からのアプローチ》，关西大学出版社，2010年版，第10页。

察就是这个道理。可外国人不是,他们会看得更清楚。他们是我们研究的窗户,也是我们研究的镜子。"

三

除了域外汉语研究,内田老师近年来也致力于文化交涉学的理论建设及推广。何为文化交涉?内田老师介绍说,此处的"交涉"并非是传统意义上的交涉,其内涵和文化交流并无二致。再被问及文化交涉和文化交流是否有不同之处时,他这样解释道:"当然,两者是不一样的。比方说,一般做中、日之间的文化交流,只会看中国和日本的东西。但是我们说的文化交涉学,就不光要从中、日两国之间来研究,更要把周边的国家,像蒙古、朝鲜等也列入考虑的范围。如果说文化交流考察的是一对一的关系,那么文化交涉就是多对多的研究了。"

从某种意义上而言,国与国之间的沟通交流都是以"语言"为媒介展开的。无论是经济、政治还是文化,倘若语言不通,交流便举步维艰。自然,语言的翻译互通成为文化交涉学,或者说异文化接触研究中一个绕不开逃不掉的问题。"什么是好的翻译?"面对这个在翻译研究中被探讨了无数次的问题时,内田老师挠了挠头发,笑着说道:"翻译,这个问题可是很难的。"思忖片刻,他向我说起了西学东渐时期一些颇有意思的汉语翻译:"传教士在翻译《伊索寓言》的时候,把Diana[1]翻译成了嫦娥,而把大力神Heracles[2]翻译成了阿弥陀佛。这样'中国式'的译法不仅仅只有《伊索寓言》,就连《圣经》翻译也是这样。"顿了顿,他继续补充道,"那时,这样'中国式'的译法,大概就是我心中的好翻译吧。翻译不是单纯的代替。翻译的'等价'不是看得见的'形式',而是看不见的'价值',这个价值实际上是把某个民族的'思维'或者'文化'进行集合,加以抽象的东西。因此翻译不仅仅是语言的问题,也是文化的问题,成为文化接受的态度与

---

[1] Diana,中文常译作狄安娜,罗马神话中的月亮女神,同时也是少女、猎人的守护神。
[2] Heracles,中文常译作赫拉克勒斯,天神宙斯和阿尔克墨涅之子,完成了十二项不可能完成的任务,死后升入奥林匹斯山,成为大力神。

跋涉于东西之间
——专访日本汉学家内田庆市

方法的问题。"[1] 正如内田老师在其著作中所述，翻译的本质与其说是语言的等价，毋宁说是文化的等价。不仅仅是词语的替换，如何将语言背后所折射出的文化思维以另一种语言表达出来，或许才是翻译的精髓之所在。

如果说前面的翻译问题是要求在文化交涉学的研究中探求语言背后不同的文化观，那么"从周边看中心"则是内田老师所提出的文化交涉学研究的具体方法。"像前面提到的中国和日本的例子，中、日是中心，而朝鲜、蒙古等邻国则是周边。如何通过朝鲜、蒙古等国的记载去重新梳理和审视中日之间的交流历史，这就是我们说的'从周边看中心'。"此外，他还强调周边和中心只是相对的概念，并非一成不变，更不是单纯地理意义上的周边和中心。以内田老师的老本行汉语研究而言，如果将汉语视为研究的中心，那么其他国家对于汉语的记述便是重新审视汉语问题的"周边"。不仅如此，即便是汉语本身也存在

---

[1] [美] 内田庆市：《"西学东渐"与近代日中欧语言文化交流——以〈伊索寓言〉的译介为例》，《词库建设通讯》第20期，1997年，第2页。

"周边"和"中心"的分化,像普通话和方言、书面语和口语、文言和白话等。"从这些角度看,我们会发现很多新问题,而汉语研究就是从这里开始的。"

如果说内田老师的域外汉语研究更侧重西学东渐时期对汉语问题"点"的研究,那么他的文化交涉学则是对语言研究方法的"体"的探索。他介绍说,现在出版的汉语研究著作大多就某一语法问题展开。对于"什么是主语""什么是宾语"等关乎核心问题的研究却越来越少。究其原因,内田老师有些痛心疾首地表示这是缺少语言世界观的问题。"由于学科的细化,大家都开始专注于自己的领域,对于知识的宏观把握渐渐不如以前了。汉语之中具体的语法问题的研究当然是必要且有意义的,可是如果都没有弄清楚什么是'文'、'什么是主语'这些更本质的东西,研究很难进行下去。"

显然,这并不仅仅是汉语研究的问题,也是语言研究中对于"特殊"和"普通"的终极思考。各民族语言自有其特性,可也有作为人类语言的共性。对此,我们不免要问,"语言研究的边界在哪里,特性与共性之间究竟该如

跋涉于东西之间
——专访日本汉学家内田庆市

何权衡把握？"在内田老师看来，无论是过分强调语言的特殊性，将某一门语言割裂研究的个别语言学，还是只注重语言共性，试图通过某一语言规则解释所有语言现象的普通语言学，都难免有失偏颇。"个别语言学和普通语言学之间，或者说'特殊'和'普通'之间，并不是非此即彼。在我看来，更多的是一种'你中有我，我中有你'的关系。"从这个意义上看，文化交涉学视野下的周边研究方法，正是他多年来对语言问题的思考与实践，"特殊和普通，语言研究，哪一个都不能放过"。

四

内田老师虽然未在北京生活过，但无数次造访北京的经历，让他对这个城市多了一份不一样的感情。当被问及对北京的印象时，内田老师迟疑了几秒，似乎在脑海中搜索一番可以用来形容北京的词。"大，北京很大，"我还没来得及做出反应，内田老师就先笑了起来，"北京实在是太大了。步行去别的地方不太方便。"即便年过六旬，内田老师仍然喜欢步行，走路会让他更加安心，更多思考。"在中国的城市中，我比较喜欢上海。上海是一个很适合走路的城市。那里有很多弄堂，路很窄，车也没有那么多，我很喜欢在那里散步。北京还是太大了，以前我还会去王府井、天安门这些地方，现在也不太去了。"

北京虽大，却阻止不了内田老师对北京美食的热爱。"北京的小吃都太好吃了，像驴打滚、豌豆黄我都很喜欢。"内田老师直言他对北京小吃念念不忘的感情。除了京帮菜的大气粗犷让见惯了精致典雅料理的日本人耳目一新，水果的物美价廉也让日本朋友随时可以一饱口福。当我向内田老师说起，关西大学的日本留学生在演讲比赛上大呼北京芒果便宜，每天吃一个芒果成为他在北京的小小心愿时，老师也不住连连点头，像个孩子似的露出笑容："北京水果很多，价钱也很便宜。现在正好是草莓的季节，这次来参加论坛，我可是吃了好多草莓呢。"

此外，内田老师还坦率地指出，北京的环境，特别

跋涉于东西之间
——专访日本汉学家内田庆市

是空气质量问题仍不容乐观。"北京的空气确实不太好。我们的学生来北京留学的时候,他们的父母都十分担心北京的环境问题。"在内田老师看来,高楼林立,车水马龙,这样现代城市发展的美好图景,在雾霾的笼罩下黯然失色。他痛心又无奈,"这已经不再是北京的问题,上海也有雾霾,印度也有。这不是中国的问题,不是印度的问题,而是世界的问题"。

尽管在北京,内田老师无法像在上海那样,去步行穿过一个个里弄小巷,去感受一个城市的温度与呼吸,可这里仍吸引着他。"以前每次来北京都会去王府井那一带,那里很适合走路,也有很多老北京特色的东西。离天安门也不远,城楼上挂着毛泽东的照片,我也会去天安门看看。"此时,我想起了内田老师的个人主页"Mao's Home Page",便急忙向老师确认。"对,Mao说的就是毛泽东,"内田老师笑了,"我读大学的那个时候,日本爆发了大规模的学生运动,很多同学都罢课来抵制学校,反对权威。就在那个时候,我和几个同学一起举办了学习班,大家一起读毛泽东或者鲁迅的作品来学习汉语。通过这些作品，我对中国、对汉语更加感兴趣了。"

　　当年站在天安门下的内田老师在思考些什么，此刻的我不得而知。我只听见他缓缓地说："毛泽东的精神一直鼓励着我，而他，在这里，在北京。"

紫禁城里的法国耶稣会士
——专访法国汉学家梅谦立[1]

于 浩 北京外国语大学国际中国文化研究院

梅谦立（Thierry Meynard），中山大学哲学系教授，博士生导师，中山大学西学东渐文献馆副馆长，主要研究中西思想交流、西方古典哲学、当代新儒家学者。2003

（照片由梅谦立教授提供）

---

[1] 本文部分内容已在《汉学研究》2017年春夏卷（总第22集）发表，题为《紫禁城里的耶稣会士——梅谦立教授访谈录》，学苑出版社，2017年5月。

年获北京大学中国哲学系博士学位，论文题目为《梁漱溟的宗教观》；2001—2003年，任北京语言文化中心研究主任；2012—2014年，任北京中国学中心（The Beijing Center for Chinese Studies）主任。

传教士汉学，在很多人眼中也许是一门封存在历史中的学问。然而，当提到"利玛窦"这个名字时，多数人脑海中能浮现出那个带着中国古代儒士帽的西方传教士。明清之际传教士来华，谱写了一首中西文化交流的长诗。这首长诗里，西学东渐和中学西传中的经典文本是最美的几朵浪花。

2015年12月10日，我如约采访了法国著名汉学家、中山大学教授梅谦立先生。梅教授丝毫没有著名学者的架子，其温和的谈吐、儒雅的笑容，让我们很快熟了起来。

法国是历史上海外汉学研究的重镇。梅教授对传教士汉学经典文本的熟悉程度，及对传教士思想西方起源的深入了解，使我不由升起敬佩之心。作为当代的一名耶稣会士，梅教授在对历史上传教士经典文本的研究中，发现了传教士汉学之魅力所在。梅谦立教授著有 *The Jesuit Reading of Confucius*（2015）、*Confucius Sinarum Philosophus*（2010）、*The Religious Philosophy of Liang Shuming*（2010）、《北京教堂及历史导览——北京耶稣会足迹导游册》（2007）、《耶稣会的北京导览》（2005），与台湾"中央研究院"李奭学教授合作出版 *Jesuit Chreia in Late Ming China*（2014）。另编辑利玛窦《天主实义今注》（2014年）、*Teilhard and the Future of Humanity*（2006）、《巴黎、北京、台北》（2002）等；译有莱布尼茨的《中国近事》（2005）。

访谈记者（以下简称"访"）：明清之际，有着这样一群人，为了心中的信仰，历经千辛万苦，想尽千万种方法入京、留京。带着"洋货"、带着西方的科学知识，他们进入了中国的帝都，终于吸引住了皇帝的眼球，被允许留在北京并开始了传播西方经典之计划。他们便是明清之际的传教士。梅教授，您能简要谈一谈入华的传教士对科学技术发展的影响吗？

我们在这里，这里是北京
——外国学者视阈中的北京文化形象访谈文集

梅谦立教授（以下简称"梅"）： 明末清初之际，一些耶稣会士进入中国，部分进入北京。有些耶稣会士在朝廷任职，长期主持钦天监的工作。他们将西方科学，如天文学、地理学、医学等介绍到中国。但是，传教士所带来的西方科学思想被封闭于紫禁城内，未有机会在中国社会传播开来。

耶稣会重视科学的传统一直延续到今日，比如20世纪的法国德日进（Pierre Teilhard de Chardin）神父参与了周口店"北京人"的挖掘工作，并参与到其他的中国科学研究之中。从历史到今日，耶稣会士一直力图用科学更深入地理解自己的信仰，也用科学来表示其信仰。

访：您觉得明清之际的耶稣会士有哪些特点？

梅：明清之际的耶稣会士除了用科学思想来证明其信仰外，还对中国经典文本进行译介和评注，使其基督神学理论融入中国文化之中。明朝万历年间入华的耶稣会士利玛窦先向中国介绍了西方科技，如天文学著作《乾坤体义》、历学和算学译作《几何原本》、地理学著作《万国舆图》等。这些科学知识里面其实蕴藏着西方的哲学观与宇宙观。除了传播这些科学知识外，利玛窦和其他来华耶稣会士倾尽全力传播西方哲学思想和西方古典文化。利玛窦的《天主实义》是一本集中西文化对比、中西哲学对比的著作，在这本著作里，利玛窦引用"四书"语句，体现自己对中国经典的理解。从他们学习中国方块字、学说中文开始，便一头扎进了中国文化之中。之后面世的大量耶稣会士书信、译作、著述，连今日的专业汉学家也难以望其项背。

访：学术界很多学者倾力于"西学东渐"，您为什么要研究"中学西传"？

梅："西学东渐"的研究非常重要。早在明末时期，西方传教士便在中国传播西方古典学方面的知识，撰写了很多著作。比如意大利传教士高一志（Alfonso Vagnone）将西方古典学融入《修身西学》中，此部著作作为教材在中国境内传播。另外，高一志还著有《童幼教育》，意图用新的教育方法来传播西学。今天，很多高校也开设了拉丁文、希腊文等课程，译介成中文的西方经典文本就更多了。

同时，"中学西传"也是不容忽视的。从17世纪开始，中国的经典传播到西方，成为全世界共同的经典。一代又一代的传教士在这个传播过程中贡献着自己的力量。追本溯源，当年在中国的这些传教士用中国经典来学习中文，并以此为材料撰写中文教材，这些教材包括三方面的内容：原文、拼音和字面翻译。在他们心目中，这些经典文本代表着中国文化。比如，来自意大利的传教士罗明坚（Michele Ruggleri）在肇庆做过这个方面的工作，他将《大学》译作拉丁文，编写语言教材，遗憾的是，最终只完成了《大学》的前半部分。利玛窦也翻译过中国经典《四书》中的很多内容，被后来的金尼阁（Nicolas Trigault）等传教士采纳并用作汉语教材。

中国文化及中国经典所包含的理性精神，瓦解了欧洲中世纪封建的城堡，迅速掀起18世纪欧洲的"中国热"。"中国热"与当时历史环境下中国历史的实际情况是分不开的。今天秉持着"西方中心论""欧洲中心主义"的学者最不愿承认的便是这一点，很多历史学家未对18世纪欧洲社会的影响来源做出公正评价，他们有选择性地忘记了

紫禁城里的法国耶稣会士
——专访法国汉学家梅谦立

中国。重视"西学东渐"和"中学西传"的双向过程,方可还原明末清初中西文化交流之原貌。

访:在中国几千年漫长的历史进程中,曾有两次文化交流广泛而深入地影响了中国历史进程。一次是发生在公元1世纪到8世纪间的中印文化交流,佛教传入中国,另一次是16世纪以来的

《天主实义今注》[利玛窦(Matteo Ricci)著,梅谦立、谭杰注释、校对]书影

中西文化交流,基督教传入中国,同时佛教与基督教也相遇了。在您点校和注释的《天主实义》[1]里,有利玛窦大量的辟佛言论。请问传教士眼中的佛教观是什么样的呢?

梅:从16世纪起,西方传教士纷纷来到亚洲,也与佛教迎面相遇。亚洲各地的传教士们广泛搜集佛教材料,互

---

1 [意]利玛窦(Matteo Ricci)著,梅谦立、谭杰注释、校对:《天主实义今注》,北京:商务印书馆,2014年。

相交换信息，报告给欧洲。这些报告大多使用拉丁语和葡萄牙语撰写而成。当新的一批传教士到达中国时，他们头脑中既定的佛教观很大程度上受到了这些报告的影响。利玛窦初到中国，在广东的头十年，穿上了和尚的袈裟，在寺院附近生活，他的佛教观不仅仅是其在与中国僧侣的交往中培养起来的，也受到了在日本的耶稣会意大利籍传教士范礼安（Alessandro Valignano）的影响。

日本传教士在长期的传教工作中积累了丰富的工作经验，制定了传教策略：传教的理性论证不可与信仰论证混淆。传教士应该先用理性思维证实天主存在的合理性、灵魂的真实性及相应的伦理原则，之后方可告诉听众耶稣的由来及《圣经》故事。所以，范礼安在写作《要理本》时，明显地分成了哲学部分和信仰部分。受范礼安的影响，利玛窦套用这种格式，其论述次序与《要理本》完全一致。《天主实义》有8篇论述基督信仰的哲学基础如上帝、灵魂等，其中一个很重要的原因便是《天主实义》的目标读者是中国的士大夫。对于有接受基督信仰的信众，利玛窦则单独编写了一本《天主教要》。

紫禁城里的法国耶稣会士
——专访法国汉学家梅谦立

利玛窦在《天主实义》中认为,佛教严重破坏了中国儒家的发展。在早期的儒家经典中,利玛窦找到了"上帝""鬼神"等词语,并固执地认为"上帝"对应基督教教义中的"天主","鬼神"对应基督教教义中的"天神"和"灵魂",使之符合西方神学之思想体系。实际上,利玛窦并未完全把握中国经典中个别词语的深厚内涵,他认为宋明理学受到了佛教的影响,是佛教的附属品,已远离了古代儒家之本义。所以,利玛窦未把握好佛学与宋明理学之间的差异,对佛教的错误理解也导致了对宋明理学的误解。另外,他发现佛教的一些教义并不利于他传播福音,甚至成为阻碍。而儒家强调现世道德准则,不易与基督教的超自然真理产生直接冲突。于是他开始"辟佛易服",改为攻击佛教,赞扬中国儒学;服装方面也从袈裟改着儒服。

访:其他来华传教士有无佛教方面的著述呢?

梅:1687年发表在巴黎的《中国哲学家孔子》中包含了其他传教士描述佛教的文章,甚为详细,此书系意大利耶稣会士殷铎泽在广州所著、比利时耶稣会士柏应理修订。殷铎泽继续了利玛窦在《天主实义》里对佛教的研究，认为佛教的核心是一种无神论，将传教士对佛教的认识提高到了哲学层面。在殷铎泽看来，中国的士大夫所遵从的禅宗，核心是"空"，空虚是绝对真理，直接否认上帝的绝对性。其实，这是传教士不理解佛教义理"性空论"的表现。佛教义理没有任何讨论上帝是否存在的必要。对于传教士来说，去研究一种不基于上帝存在的宗教哲学是一件异常危险的事情。在《天主实义》里，利氏也反对佛教"空"的思想。利氏从亚里士多德四因观点出发，认为"空"无法产生其他事物，有悖常理。

对于中国社会而言，殷铎泽和柏应理认为，佛教污染了中国对自然的原始崇拜。原来，中华民族与世界其他民族隔离，一直保持着对神、对自然的纯洁认识，汉代佛教入华，破坏了最初的一神教信仰。在殷铎泽看来，佛教既是一种迷信，迷惑了中国大众；又是一种无神论，不承认上帝存在的合理性，将严重阻碍中国的传教事业。在《中国哲学家孔子》中，佛被称为"外来之偶像"，佛陀是魔鬼的造物，佛教的蔓延是撒旦的事业。在传教士眼中，佛陀可以通过很多超自然的力量达成目的，这正是借助了魔鬼的力量，而非上帝。大众被彻底地愚弄，变得盲目和迷信。可以说，这些为了传教而贬佛的话语，降低了《中国哲学家孔子》的学术水平，遭到后来很多学者的批评。

同时，利玛窦和殷铎泽也生硬地使佛教和西方文化里的相关时代产生联系。利玛窦直接把释迦牟尼安排在毕达哥拉斯的年代，并认为佛教的轮回学说与毕达哥拉斯学派之间有着千丝万缕的联系，将佛教的学说起源置于希腊哲学之中；殷铎泽则认为是佛教影响了希腊哲学，因其错误地认为释迦牟尼佛出生于公元前1026年。实际上，轮回学说在印度并非佛教特有，其起源时间早于佛教。传教士的这种曲解被美国汉学家孟德卫（D.E.Mungello）在其《奇异的国度——耶稣会士适应政策及汉学的起源》中直接批判为欧洲中心主义。

其实，不管是分析传教士眼中的儒家文本，还是分析传教士眼中的佛教观，都离不开对传教士们阐释立场的分析。作为西方传教士，他们的目的只有一个——传教。任何有利于传教的资源他们必然会加以选择、利用和改造，任何阻碍传教的障碍，如中国"本土化"的佛教，必然会加以批判。这一点，在分析任何关于传教士的著作及其观点时，都是不容忽视的。

访：在您多年的研究中，不乏有对传教士的政治观的研究，能简单介绍一下吗？

梅：自传教士来到中国这个异域国度，就十分关注中国的政治制度并见证了中西政治思想的第一次大碰撞。大多数京城传教士和中国政府保持着密切的来往，对政治体制颇为了解，比如利玛窦在《基督教远征中国记》里便详细分析了中国的各级政府组织。传教士之所以翻译和注解"四书五经"，是因为儒家经典里包含着丰富的治国安邦的政治哲学。传教士在中国找到了欧洲政治制度的镜子，将中国作为他们心中的"理想国"，勾勒出了心中的完美政治体制。他们认为，明清时期的政治已经偏离了孔子所描述的"治道"观念，大多政治思想陷入世俗的现实主义，政治成了维护王室政权的工具。传教士认为在儒家经典里表述的政治观念是这样的：作为君王，要重视内修，使自己的统治符合天道，尧、舜、禹等圣王在"天"和"上帝"面前很谦虚。作为圣王，他们努力克服自己的私欲，听从天理的支配，给黎民百姓树立起了政治榜样。如此，克己复礼，遵从天理和自然规律，政权才不会腐化。传教士们认为儒家的政治观与基督教有着相同的立场：只有受天支配或上帝支配的人才能做国王。在阅读儒家经典时，从政治角度入手，传教士整理出了一套心目中的儒家治道观。比如殷铎泽在翻译《中庸》时，标题直接译作《中国政治伦理道德》；在选择注疏时，选择张居正的注解。张居正跟从"实学"的潮流，从政治角度诠释儒家经典，认为一个统治者应该用儒家经典来帮助自己统治国家，并直接将"四书"中的"君子"解释为一个国家的君王、政治上的领袖。

传教士受西方士林哲学的影响，很容易接受君主制度，也较为顺利地接受了张居正的政治观。西方士林形而上学认为，统治者应站在最高的位置团结人民。可以说，君主制度与士林哲学有着不可分割的关系。君王的作用先于人民，并且君王的个人品德与所受教育也非常重要。民族国家是最高的权威，政治秩序的维护很大程度上依赖君王的美德。传教士这种赋予君王核心地位的做法在儒家经典里找到了共鸣。儒家经典中的治道观念和西方古典思想都强调为政以德，重视君王的美德教育。传教士在欧洲支持君王统治，在中国也支持康熙王朝的王权统治。他们认为，只有君主专制可以维护社会良好的运行秩序，如此，传教事业才有一个相对稳定的社会基础。甚至，在17世纪欧洲各国相互厮杀之时，传教士们推出了儒家治道的榜样，并认为，这种治道模式可以统治欧洲。

另外，《中国哲学家孔子》还介绍了儒家通过礼仪运作的政治秩序。中国古代君王制定了严格的礼仪制度，维持国家的秩序。传教士采用丘浚（1420—1495年）的《大学衍义补》（1487），提取大量例证，考证儒家原典里提到的各类政治事件，证明儒家治道观的合理性。

访：传教士如此重视君王的个人修养，可以说是将政治学和伦理学结合了起来。

梅：1636年，高一志所著的《达道纪言》出版，汇集了西方政治学和伦理学的一些"语录"，此书是高一志与山西官吏韩云共同的杰作。它采取"语录体",以中国传统的"五伦"为纲,试图展现高一志在政治伦理方面的观点。《达道纪言》虽说是出自传教士之手,内含的355条纪言却体现了儒家、基督教和斯多葛学派传统的交融与汇合,这也从侧面证实了传教士入华后对中国传统文化的吸收和理解。

355条中文纪言被划分为5类,即君臣类158条、朋友关系类122条、兄弟关系类31条、夫妇关系类23条、父子关系类21条。纪言全面反映了传教士在君王修养、君臣关系、政治制度以及法治和经济税务等方面的看法。比如355条纪言中的第21条纪言"吾幸以勇服三十万男子之强,兹乃被胜,服于女子之色乎?"强调了作为统治者应注重对自己道德的培养,克服自身欲望以及周围的种种诱惑。这在中国的儒家思想中也可以找到与之相应的思想观点,唯有约束自身,方可约束家庭乃至整个国家。

访:您说的这一点让我想起《大学》里的"君子有诸己而后求人,无诸己而后非诸人"和"欲治其国者,先齐其家;欲齐其家者,先修其身"。

梅：《达道纪言》里的很多纪言都在强调君王的个人素质及选贤任能方面的修养问题。作为一国之统治者，君王应以道德和美德来挑选人才，并尽量做到"兼听则明、偏信则暗"。统治者应多倾听臣子的意见，避免独断；不可以被某些佞臣所蒙蔽，滋生腐败现象，导致国家的灭亡。其实这一点也反映了明末的社会现实：作为官员，参与了过多的国家经济事务，多数官员违背了社会道德，追求个人财富。

访：这么说，《达道纪言》也是一本伦理学的著作？

梅：是的。来华传教士要在中国建立起一个接受西方文化的团体，这个团体包括接受福音、皈依天主的信徒，也包括对宗教产生好感的普通士大夫。对于后者，通过著书立说，让文人产生对团体的归属感尤为重要。在这个方面，《达道纪言》堪称团体伦理关系的典范，传统儒家之道与基督教之道相同，都是通过匡正基于天性的人伦关系，达到教化之目的。

访：《达道纪言》为什么用这么多的笔墨去强调君王的个人修养呢？

紫禁城里的法国耶稣会士
——专访法国汉学家梅谦立

梅：这又回归到传教士的传教立场上了。高一志的写作目的并非是想为中国带来什么革命性的政治观念，相反，为了传教，耶稣会士需要一个相对稳定的政治环境。所以，高一志支持中国的君主专制制度，反对君主选举制度。唯有如此，方可保证中国政局的稳定，对耶稣会的传教工作有利。但无论如何，高一志的这本《达道纪言》还是体现了明清之际中西政治观的相遇，对近现代中西方的政治观不无启示。

访：《达道纪言》为什么采用"纪言"或者说"语录"的体裁进行编排？

梅：这要从西方的修辞学传统说起了。明末时期的传教士入华后，为了传教，采取先传播西方科学知识的策略；在编写文本上，采用修辞学的文体策略。西方修辞学鼻祖首推亚里士多德（Aristotle，公元前384—322），其《修辞学》是西方修辞学的奠基之作。从古至今，很多思想家运用语言技巧来说服读者和听众。到了基督教古代时期和中世纪，传教士利用修辞学来传播福音。虽然耶稣会士要投入大量时间和精力学习宗教哲学和神学，但从不忽视对修辞学的研修。耶稣会士到中国后，面临如此宏大和发达的中华文化，不得不优化其传教策略。著述中暂不提宗教神学，而用一种通俗化的文学形式著书立说，其目的便是用这种对话式的文体传播福音，以达到不同文化间开始对话的目的，进而融入中国文化的主流。《达道纪言》就是这样一部宗教神学之外的人文主义文学作品，内容严格限制在伦理学范围之内。

"纪言"即记录言论，往往和古代权威人士有关。这种"纪言"的形式与西方斯多葛学派有关。耶稣会士入华后，发现斯多葛学派与儒家多有共同之处。两个学派都注重对道德品质的培养，把个人生活与公共生活紧密联系起来，其伦理思想基于历史上的典范人物。除了内容方面的相似性之外，在形式上，利玛窦认为中国人对亚里士多德的长篇著作并不感兴趣，反而欣赏斯多葛学派的短小"纪言"，传教士便是想采用这种形式将西方经典介绍给中国读者。在西方文化里，一提到历史上著名的人物，如凯撒和亚历山大等，往往可以调动起读者或听众的注意力。《达道纪言》提到了大约90多位西方人物。传教士们所面临的问题是：面对着不同的文化背景、陌生的读者群，这种方式能在中国获得同样的传播效果吗？这些"纪言"可以达到其语言功用吗？

不得不承认，由于文化的差异，有一些"纪言"没能达到传教士所期望的效果。但他们很快采用了重复的修辞法，这也是修辞学常用的技艺。传教士们在书中让一些西方人物如亚历山大、斐理伯等反复出现，刺激读者的眼球，融入中国文化。也正是在明末时期，这些著名的西方人物开始为中国人所熟知。

可以说，《达道纪言》采用"纪言"体形式，正是为了达到传教之目的。1635年，高一志仿照《大学》的体例，写了《修身西学》《齐家西学》《治平西学》三部著作，也多引用古代"纪言"，宣说其思想。

访：梅教授，再次感谢您接受我的采访，也期待您的《中国哲学家孔子》译稿和其他著作早日面世。

明末清初时期的传教士无疑是当时中西文化互动的桥梁。他们在向中国传播西方科学思想、科学知识的同时，也将西方哲学和神学传入中国。他们的著作处处体现着护教成分，其中对中国文化、经典、佛教之介绍，存在不少不实之处，但结合当时的历史大环境，这并没有削弱他们在那个时代中为推动中西文化互动所做出的贡献。

不同文明之间的交流与互鉴需要话语上的共同基础，所以，认识中西方不同的文化经典及其历史背景是交流的前提。经典文本可以跨越时空，历史上的古希腊和古拉丁经典被成功翻译成了西方各国语言，为各种文明提供了一个共同的语言空间。所有经典文本的研究都不能脱离历史语境和传教士们自身传教的立场。一旦脱离了历史语境，文本便被架空，引起过度阐释。因此，传教士对经典的阐释不得不回归到明清之际的历史阶段，历史塑造了传教士版的中国经典。站在传教的立场，他们择取西方经典译为中文，在中国传播；同时，又将中国经典译介到西方，使西方学界和大众了解中国文化。在双向的译介环节中，传教士在华的传教策略对经典文本的选择和翻译起了决定性的作用。这些代表着西方文化的传教士改变了此后中国历史的研究范围，中国历史不能再局限于本土研究，而应置于整个世界范围内考量。

明末清初是中国历史上分崩离析的大变革时代，不仅有王朝的交替更迭，更有中西方文化之间的交流和互动，交流规模之大、影响之广，确为中国历史上少有。这种互动伊始，便呈现出了双向的特点。中国哲学传播到欧洲，促进了欧洲思想的革新与社会的变革，同时，也为欧洲汉学的发展奠定了基础。欧洲的科学技术传入中国，促进了中国社会的近代化进程。传教士翻译中国经典，开启了中西阐释学对话的开端。在21世纪的今天，"西方中心论""欧洲中心主义"早已不符合时代潮流。文化是互动的，沟通是平等的，"东方与西方"二元对峙格局的历史局限只会阻碍不同文明之间的交流与互鉴。任何民族都无法再自我封闭、闭关锁国，任何一种文化也不可能在自己的历史系统中独立发展。历史一再证明，具有普世价值的不仅仅是以基督教为代表的西方文化，辉煌璀璨的中国文化同样具有普世性。梅教授有着虔诚的信仰，加之严谨的学术训练、厚重的学术素养、世界各地实地考查的经验，可以灵活自由地漫步于中西文化和信仰之间。近些年来，梅老师一直从事"西学东渐"和"儒学西传"两个方向的研究，或许也是想从中国文化这个"他者"这里找到改良西方社会问题的良剂。

笔墨纸砚,晨昏相亲
——专访英国汉学家司马麟[1]

陶欣尤 北京外国语大学国际中国文化研究院

司马麟(Don Starr),杜伦大学东亚系前系主任(2000—2007)、英国汉学协会会长(1988—1991,2005—2008),现为《英国汉学协会学报》主编。研究领域:中英翻译、中

(照片由北京外国语大学陶欣尤提供)

---

1 本文部分内容已在2016年11月2日《中华读书报》18版发表,题为《笔墨纸砚、晨昏相亲——访杜伦大学司马麟教授》。

国教育和中国政府的文化政策。主要著作：《杜氏古文语法》（合著）、《理雅各及其翻译艺术：以〈孟子〉译本为例》《中国与孔子教育模式》等。

  5月初的杜伦，虽然还有些"恻恻轻寒翦翦风"的意味，但春天毕竟还是到了，万物复苏，阳光明媚，街道上的桃花、报春花笑意迎人，竞相开放。威尔河蜿蜒流过，像绿色的丝绒，不时有人在河中扳桨荡舟，欸乃一声，惊起两三鸥鹭。碧水蓝天同远处的古堡一起，构成了一幅让人留恋的画卷。世界百强名校——杜伦大学即坐落在此地，为这座宁静的英格兰小城增添了一份智慧的气息。

  名校必然有名师，今天我的采访对象，司马麟老师就是其中一位。

  10点钟整，我按约定来到老师办公室。虽然名字很"中国风"，但司马老师高鼻深目，却是实实在在的英国人。老先生年逾古稀，须眉皆白，但精神极健旺，每天7点半准时到办公室，除上课外，一直要在书桌前工作到下午6点，甚少间断。一番寒暄过后，我们开始了此次采访。在

笔墨纸砚，晨昏相亲
—— 专访英国汉学家司马麟

两小时的时间里，司马老师用纯熟的汉语向我讲述了他的中文研习之路。

艰难的求学经历

司马麟老师1945年出生于英国的诺丁汉，自小喜欢学习语言，11岁起学法语，中学二年级修拉丁文，三年级攻俄语。待到十八九岁考大学时，正值20世纪60年代中期，东西方壁垒森严，共产主义与资本主义两大阵营泾渭分明。英伦三岛常有传言："苏联和中国结盟就要打过来了！"当时的青年司马麟非常奇怪，感觉遥远的东方十分神秘，"我们好好的，为什么他们要打我们呢？"为了一探究竟，申请大学时，他毅然选择了伦敦亚非学院的中文专业。"后来我才知道当时中苏关系已经不好了，根本不可能合作，也不会进攻别的国家，那个时候英国对中国真是知道得太少了。"回忆起当年情景，老先生依旧很是感慨。

1964年19岁的司马麟来到伦敦亚非学院，这一年学院的中文系显得格外热闹——这个往年只有三五个新生报到的冷门专业，当年居然破纪录地招到了12人。中文教师佟秉正、"刘太太"（Yin C. Liu）、崔瑞德（Denis Twitchett）、卜立德（David E Pollard）都忙碌起来，尽心尽力地备课教课。尽管老师教得认真，学生也学得用功，但大部分新生依然感到很吃力。首先是教材问题，当时的校方教材还是二战时期耶鲁大学编纂的"*Mirror Series*"，是20多年前从美国海运过来的，书本破旧、字迹模糊，阅读起来甚是不便。而且虽然是中文教材，但书本里面都是拼音，一个中文字也没有。更麻烦的是，这套拼音系统还是耶鲁大学为方便二战期间在中作战的美国士兵开发的，是耶鲁大学的独创，与此前流行的威妥玛拼音颇为不同。由于书中没有对应的汉字，好不容易一节对话能够读出来，又完全不知道各个拼音对应的是哪个字。"当时只能靠老师写。老师们要是发点材料，那印刷汉字可是一项大工程，"司马老师回忆道，"当时我们有一个老式的中文打字机，有几百个汉字字模，每次打印都要先装好字模，上好墨才能用。杜伦大学同样也有一架类似的打字机，一

笔墨纸砚，晨昏相亲
——专访英国汉学家司马麟

直服役到70年代才退休，现在保存在杜伦东方博物馆里，每次用它都是一个体力活儿。"

亚非学院很重视古代汉语的学习，大一新生学习了6个星期的现代汉语后就要开始古代汉语课程，起初是学刘太太编的《五十个中国故事》（*Fifty Chinese Stories*），此后就直接学习"四书五经"、唐诗宋词的原文。古代汉语与现代汉语大相径庭，这让很多学生叫苦不迭——"当时确实是感到比较困难的"，司马老师坦言道。

但度过最初的适应期后，学生们就开始感受到这门课的魅力了，其中《列子》《庄子》的汪洋恣肆、奇诡瑰丽尤为让青年司马麟着迷。这段时期的学习也为他终生研习古代汉语打下了坚实的基础。在采访之前，我有幸旁听了两节杜伦大学中文系的古汉语课，课堂发放的材料一节是《荀子》选段，一节是《列子》选段，文本全部是繁体竖排版，有些内容在我这个中国学生看来也很艰涩。但司马老师往往三言两语，就言中窍要，将其中的难点讲解得通豁畅达。而他参与编著的《杜氏古文语法》中也颇多古代中国寓言，这或许多少也是受到了当年刘太太《五十个中国故事》的影响吧。

现代汉语、古代汉语、口语、写作，这些专业课一门门上下来，经过不断努力，司马老师的中文取得了很大进步。

1968年本科毕业后，他追随崔瑞德先生来到剑桥的东方研究院（Institute for Oriental Studies）攻读硕士学位，专习中国历史。这三年的时间除了自己做研究外，他还兼职辅导剑桥大学中文系本科生学习中文，教学相长，自身水平也得到了进一步提升，身份开始从"学生"向"教师"转变。

采访中我问道："您研习汉语数十年，回顾一下，您认为学习中文最有效的方法是什么？"司马老师想了想，答道："学外语最好还是要去那个国家学，学中文也是这样的。"现在很多留学生可到中国学中文，不过在老先生的求学时期，中文系学生可没有这个条件。在当时的英国，华人也很少，除了亚非学院平时教授专业课的两位老师外，学生们基本接触不到中国人。"我当时真的难以想象世界上是有人说这种语言的，"司马老师笑道，"周围学法语、德语等外语的同学可以去欧洲交流，我也很想去中国,好几次去中国大使馆问,但工作人员每次都很抱歉地告诉我说还不行。"

中国印象

去中国,一直是司马老师的一个心愿。虽然申请被多次拒绝,但机会终于还是来了。1971年为了完善硕士论文,查找一些章太炎的资料,他找到担保人,从英国辗转香港到达日本,在日本待了两个星期,查完资料后,又重新找保人,几经波折,终于得到了一张为期一周的中国台湾签注——"那个时候英国人除了去中国香港容易,去日本、中国台湾、中国大陆都特别不容易"——不过这千辛万苦、来之不易的台湾之行,却是在提心吊胆中度过的。

当时从台湾回香港的船一周只有一次,由于错过了当周的班次,司马老师只得等下周的。可是签注只有一周,马上就要过期。这可如何是好?英国、加拿大等英联邦国家在那时支持新中国恢复联合国合法席位,台湾对英国人并不友好。与司马老师相识的一个加拿大人就仅仅因为在箱子中查出了几本盗版书，就直接被关进了监狱。"所以我当时紧张极了，一星期的时间里都没干什么正事，一直在担心我的签注。"所幸，最终司马老师还是有惊无险地平安返回了香港，不过"在回来的船上，我发誓再也不来台湾了"。而那也是他迄今为止最后一次去台湾。

  5年后的1976年，他等来了去中国大陆的机会。这一年的4月，一众英国青年汉学家受邀到大陆访学。这次也是先飞到香港，然后过海到广州，再北上北京。到达北京正是4月6日晚间，当晚众人入住北京饭店后正准备休息，忽然楼下长安街传来阵阵敲锣打鼓声，很多人在街上游行，高喊"打倒邓小平，打倒邓小平"。"那都是'四人帮'策划的，是他们安排的，我们都知道。"——或许是看我露出迷惑的表情，司马老师向我这个"年轻人"解释道。这一次访学与中方并没有进行学术上的深入交流，因为每个中国教授都很沉默，或者简单答一句"我们都是以毛主席思想为指导的"，就不再说话。不过北京的故宫、颐和园、长城，中国的大好河山给他们这些青年学者留下了深刻的印象。在返英的航班上，兴奋的汉学家们成立了"英国汉

笔墨纸砚，晨昏相亲
——专访英国汉学家司马麟

学协会（British Association for Chinese Studies）"。该学会此后又设立了《英国汉学协会学报》（*Journal of British Association for Chinese Studies*），定期发表中国研究的学术文章，为推动英国汉学发展发挥了重要作用。

进入80年代，随着中国的对外开放，中、英之间的学术交流越来越频繁。尤其是在杜伦大学与中国人民大学签订了合作协议后，司马老师经常来中国。这个时候就可以与中国学者们进行学术讨论了。长住北京期间，国外专家们受到了中国学者的热情接待——"当时很多大学的老师工资还不高，很清贫，但请我们到他们家里做客，准备了特别多的饭菜，很丰盛，特别热情，这让我们很受感动"。

对于北京的现代化建设，司马老师也很感慨，偶尔也有不解的时候："前门那一条街的木质建筑很漂亮，为什么要拆掉，重新用水泥再造一个跟原来一模一样的呢？"在他看来，一个城市的魅力正在于它的独特之处："不是说现代建筑一定不好，天安门旁边新建的那座音乐厅就很漂亮。但一般的高楼哪里都有，全世界都一样。一个城市最吸引人的还是最有特色的地方。"

教学生涯

1971年司马老师从剑桥毕业后，来到杜伦大学东方研究院（School of Oriental Studies）任汉语教师，从此正式走上讲台。这一教就是40多年，除去古代汉语外，还教授现代汉语、口语、写作等课程。近年来中国留学生增多，他也为中国学生开设了中英翻译课程。

说起杜伦大学中文专业的历史，司马老师如数家珍。杜伦大学于1950年成立东方研究院，1952年即开设了中文专业，与牛津大学、剑桥大学、伦敦亚非学院一起成了20世纪五六十年代英国仅有的4所可教授中文的高校。

1989年东方研究院分流重组，中文与日语、韩语合并为东亚研究系（Department of East Asian Studies），经过数十年的发展，招生规模稳步上升。据统计，21世纪初，全英申请中文、日文专业的考生中有55%将杜伦大学东亚系当作第一志愿。可是正当东亚系茁壮成长不断壮大时，却在2003年遭到了巨大的冲击，甚至可以说是"灭顶之灾"。

2003年杜伦大学财政紧张，新任大学校长决定缩减

笔墨纸砚，晨昏相亲
——专访英国汉学家司马麟

开支，关闭一些院系。东亚系很不幸地位列"黑名单"之中，时任系主任的司马老师多次找到校领导据理力争，但校方依旧不为所动。"他们实在是太糊涂了，看不到东亚研究的重要性，就想着省几个钱。"即便是今天，回忆起当初的场景，老先生仍然颇为不平。

按照校方的计划，2003年东亚系所有专业停止招生，2006年待所有老生毕业后彻底关掉。但由于当年的录取通知已经发放，这一时间延迟到了2007年。此后4年内不断有老师离职。最后只剩下司马老师一人。

2007年9月24日的英国《卫报》上刊登了一篇名为《最后一人》的报道。文章开头写道：

> As universities up and down the country prepare to welcome students back, Don Starr has no last-minute timetable issues to iron out in his department, no updates to make to his welcome speech, no nagging concerns about what trouble this year's intake of freshers might find themselves in.

This term, the head of East Asian studies at Durham will be on his own in his department - literally on his own-when its doors officially close on Sunday. This time next week, he will still be in his office, but it will be subsumed by the House of Sport, a non-university centre for sports development officers. For now, overflowing skips sit outside the entrance. Inside, stacks of chairs are piled in corners.

（译文：现在全国上下的大学都在准备欢迎学生回来，然而司马麟所在的院系却没有任何紧急的课表问题需要解决，他本人也不必修改欢迎致辞，也不必再絮叨着担心今年的新生会遇到什么困难。

这学期，这位杜伦东亚研究系的系主任手下只剩下自己一个人——真的是只有他自己——直到东亚系本周日正式关门为止。下个星期的这个时候，他还会在他的办公室里，不过这间办公室届时已经归入"运动大楼"——一家不属于大学的，由运动发展官员管辖的中心机构。现在，办公室门口外摆放了许多装填得满坑满

笔墨纸砚，晨昏相亲
——专访英国汉学家司马麟

谷的旧货箱，屋里面的墙角则堆叠着一摞摞椅子。）

从这篇文章中不难想象出当年东亚系的"末日景象"，那时校领导也问过司马老师是否还要留下来，他回答说自己不想走，因为自己相信总有一天中文专业还会重建。到时他还想出把力。此后几年，他一直担任杜伦全校汉语选修课教师。正好此时已有不少中国学生来杜伦学习翻译，他便也在翻译系任职，教授中英翻译。

果然不出司马老师所料，在东亚系关闭5年之后，2012年，停摆已久的中文专业终于"守得云开见月明"，校方经过慎重考虑，重新设立中文系，将其并入了新成立的"现代语言与文化学院（School of Modern Languages and Cultures）"中。经过4年多的发展，中文系现有4位专职老师，100多名学生（本科生约80名，硕士约40人，博士12人），与清华大学、北京大学、中国人民大学、浙江大学签订了交换协议，本科三年级学生全部派往中国学习一年。大四毕业生除继续深造外，或在中国工作，或在英国政府、跨国公司、中小学等单位任职。

回顾完杜伦中文专业的历史后，我请司马老师讲一讲多年教授汉语的经验。"对欧洲学生来说，汉语有三大难点——发音、声调、汉字。就我看来，英国学生一般发音没问题。我上学时，有一位法国同学怎么也分不清'张'和'强'的发音，这让老师很头痛。英国学生在这一点上没有太大困难。难的是音调，汉语的四声，太折磨我们的学生了。每个字是几声都要背。另外学写汉字也比较花时间。还有词汇，要多练习组词的能力。总之，要在这几方面下功夫吧。口语上，我们会派三年级的学生去中国，特别要求学生到那边的大学后一定要多上课。学生说有些课没意思，不想上，总想出去玩。我说，你遇见中国人，跟人家用中文聊足球、聊音乐聊得很流畅，好像中文很好，那是因为你总是在说这些话。下次遇见别的中国人，还是这些话，不断地重复。而聊那些深入的话题，你们就不行了。那些政治、经济、历史类的内容只能在课堂上接触到，所以到中国一定要多上课。"

而说到汉语教学，近年来的"汉语热"不可不提。目前全世界范围内汉语学习人数不断增多，"汉语热"很有

笔墨纸砚，晨昏相亲
——专访英国汉学家司马麟

可能继续"热"下去，但偶尔也有不和谐声音传出。前一阵儿美国连续关闭了几所孔子学院。说到这件事，司马老师颇不以为然："美国人太天真了。既然花了钱当然要推广自己的文化，展示软实力，现在各个国家都在这么做。他们真是太天真了。"那么，汉语学习在英国的情况又是怎样的呢？对此，司马老师指出英国也有很多人愿意学汉语，其中大部分是想将汉语作为一项技能来学习，而不是一定要到大学读中文专业。要继续推广汉语，中学是一个值得重视的阶段，英国中学生在申请大学时都需要提供外语成绩，现在有不少学生愿意选修中文。不过这里面要注意一个问题，在中学阶段，不要要求太高，题目不要出得过难。因为"英国目前也有不少中国移民，这些家庭的孩子在家就说中文，他们在学校也选修中文，考出来的成绩全是A，得A的都是这些孩子，而可怜的英国孩子只能得B、C、D，这打击了他们的信心"。如此看来，要进一步推广汉语，重视中学阶段，培养兴趣，适当降低难度，或许不失为一种值得考虑的策略。

两个小时的采访很快就过去了。12点一到，司马老师马上就要去上课。在这两小时内，老先生不停地说，我不住地记，时间紧张，中间一分钟也没有休息。饶是如此，我还是抽空喝了两口水，而对面这位71岁的老人却一口水也没喝，甚至连坐姿都几乎没有改变——这种习惯与能力或许就是多年教书生涯最好的见证吧。采访结束后，我站起身，仔细环顾了一下这间办公室，整个房间除了一张大办公桌外，最引人注目的就是各种各样的汉语辞典，一摞摞排列在高大的书架上。据说司马老师从来不用电子辞典，也基本不用电子邮箱。这一点跟国内的很多老教授非常相似。他们似乎对高科技有种天生的"钝感"，更偏爱与实实在在的笔墨纸砚晨昏相亲。反观我们年轻人，有多少人还记得上一次踏踏实实地读完一本纸版书是在什么时候呢。高科技诚然方便了资料的获取，但也分散了我们的精力，微信、微博就不知占去多少时间。也许真正笃志诗书的人在这个越来越"快"的世界要做的反而是要"慢"下来、"沉"下来吧，这样才能真正地进入"圣贤绝域"。

韩国的汉字研究：探索汉字的文化性
——专访韩国汉学家河永三[1]

于 浩 北京外国语大学国际中国文化研究院

河永三，韩国汉字研究所所长，韩国庆星大学中国学院院长，华东师范大学中国文字研究与应用中心兼职教授，博士生导师。河永三教授主编的《汉字研究》(*The Journal of Chinese*

（照片由河永三教授提供）

---

1 本文部分内容已在《汉学研究》2016年秋冬卷（总第21集）发表，题为《韩国的汉字研究：探索汉字的文化性——韩国庆星大学河永三教授访谈录》，学苑出版社，2016年10月。

我们在这里，这里是北京
——外国学者视阈中的北京文化形象访谈文集

河永三教授主编《汉字研究》
(*The Journal of Chinese Characters*)
书影

Characters），是韩国目前唯一专门研究汉字学的杂志。译著《甲骨学一百年（五册）》（王宇信等原著）、《汉语文字学史》（黄德宽原著）获"大韩民国学术院优秀学术图书"。专著《214部首字源词典》《汉字字源词典》自出版后成为韩国学术界研究中国汉字文化的经典之作，《中学生900汉字字源词典》《高中生900汉字字源词典》均为韩国学生学习汉语的手头常备字典。另出版有《"第五游"整理与研究》《汉字与Ecriture》等多部著作，发表论文多篇。

深秋时节，我来到甲骨文的故乡——河南安阳，采访来此参加首届国际汉字大会的河永三教授。手里拿着河永三教授厚厚的个人简历，看着其中所列出的与中国汉字

韩国的汉字研究：探索汉字的文化性
——专访韩国汉学家河永三

相关的多部著作、译作和奖项，很难想象这些丰硕成果出自一位外国学者之手。来到大会会场，河永三教授已经就座，他的平易近人即刻打消了我的紧张，我们非常愉快地进行了这次访谈。

访谈记者（以下简称"访"）：河教授，请问您是如何与中文结缘的？

河永三教授（以下简称"河"）：我上高二时，在选择大学专业之际，放弃了原本想学习韩国文学的想法。我的国文老师建议我从中文入手，以"他者"的角度来研究韩国文学，因为站在东亚文化圈整体的角度来反观韩国文学会更客观。韩国文学源自中国文学，对韩国文化的形成影响最大的便是中国文化。进入大学后，我如愿以偿地考入了中文系。英国汉学家李约瑟写过一本书，叫《大滴定》。滴定是化学里用来做定量分析的手段，通过两种溶液的定量反应来确定某种溶质的含量。这其实和我的研究动力很像——通过他者文化来反观韩国文化。中国是东亚文化圈的一个源头性文化，要了解韩国，就需要了解源

《汉字字源词典》书影

流。我的计划是先研究中国文学,再回到韩国文学。自此,便与中文、与汉字结下了不解之缘。

访:您在韩国出版了多本字源字典,如《214部首字源词典》《汉字字源词典》《中学生900汉字字源词典》《高中生900汉字字源词典》等,您为什么会选择从字源的角度研究汉字?在编写这些书期间有怎样的学术思考?

河:在学习汉字伊始,我便陷入深深的苦恼之中。当时,我分析汉字,只是单纯地分析单个甲骨文对应的是哪个汉字,这个汉字如何演变,其中的文化意识从来不考虑。后来接触到臧克和先生的《说文解字的文化解说》一书,长时间的烦恼顿时烟消云散了。这本书所体现的汉字文化意识特别强,读罢此书,我觉得把文化和汉字结合在一起是完全可以的。我很高兴地去拜访了他,直到现在,

韩国的汉字研究:探索汉字的文化性
——专访韩国汉学家河永三

我们的关系也很好。后来,我和臧克和先生等几个人组织了世界汉字协会,其中一个领域便是海外汉字学,主要涉及汉字是如何传播到外国、外国学者如何研究汉字等方面。除了整理历史资料,我研究汉字使用最多的是文化理论,有时还要考虑一些人类学理论,包括民俗学理论。比如我曾考察过纳西族的生活方式,因为纳西文字保存了汉字里一些古老的东西,接近于汉字发生时代的原始状态,对了解汉字萌芽阶段的思维方式大有裨益。通过研究汉字字源文化,可以了解到中国文化的根本和原型。

由于汉字的表意性,很多人对一个汉字的字源解释都不一样。由此,便要分辨哪种解释更具客观性、合理性,而哪种解释更牵强。

比如,在这次国际汉字大会上,很多学者对"安阳"的"安"字做出了解读。"安",上面是家,下面是女,有的学者认为,这代表女人在家里的时候就比较平安。其实这是以男人为主、男权角度入手的思考。在汉字起源的很长一段时间是母系氏族社会,女人权力更大,所以这种观点未必可取。有的学者认为,作为社会分子的人要有家，要有女（人），家和太太都有了，就是安定的，这种解释很明显是一种现代化的产物。我的观点是这样的，当然未必正确："女"代表人，"家"代表一处普遍生活的空间。一个人在固定的范围里可得到平安、得到安全感。我反对"女"代表"女人"这个概念，"家"在我的解释里是一个象征性的概念。

比如一个奴隶，在潜意识里意识到自己是奴隶所以地位低贱之前，内心是安定的。一旦认识到自己是奴隶，有了奴隶和主人的概念，他可能就会想脱离自己的生存环境，不再安定。美国独立战争中，很多的奴隶不愿意独立，他们可能会想，独立之后，脱离了以前的生存环境，我们怎么生活下去呢？所以我认为，"家"是一个象征性的空间范围，底下的"女"也不限制于女人，汉字的魅力便在于多种解释。

访：汉字具有极强的象形性，我仍记得第29届奥运会会徽——篆书"京"字图案。它形似一个奔跑冲刺的运动员，又如一个载舞之人欢迎奥运会的召开，极具中国文化神韵。您在此次国际汉字大会座谈会的报告里，特别强调

韩国的汉字研究：探索汉字的文化性
——专访韩国汉学家河永三

汉字的"文化性"。请问如何理解一种文字所包含的"文化性"？

河：汉字具有较强的表意特征，是一种"音意文字"。汉字的文化性是指汉字既是文化的累积，也是文化的档案馆、活化石。汉字与拼音文字的不同之处在于：汉字同时包括时间和空间、意识和无意识，能横断时间，可包含过去和未来。比如，刚才提问中涉及的"文"和"字"两个字便有着很深的文化内涵。

在甲骨文里，"文"是为了让灵魂能从肉体里分离，而把花纹刻于尸体胸部的形状，所以，"文"是灵魂通行之路，从一开始就与灵魂或精神牵连。它既是身体（body）的"文"，又是精神（spirit）的"文"，故有"文心"一词。"文"的象征意义是：通过流血仪式，完全摆脱既存的习惯和思维，从先见里解放出来，超越我、我们、我所属的共同体利益和习惯，以全新的眼光来观察和感觉全新的人类，这就是存在于"我"之外的"我"。"文"具有逾越世俗权利的潜能，换句话说，具有逾越现有秩序的功能，并不受既定体制的约束。"文"之概念在中国意义极其崇高、重要，相当于西方的"逻各斯"（logos），这也是有学者把中国文明称之为"文字中心主义文明"的原因所在。

据《说文序》，仓颉把混沌不清的经验世界进行了"分类"，并以"象"（image）来对应人类的精神状态。为了使"象"得到共同体内部和外部的认同，"象"的外在形制被抽象化，也即"外部世界的内部化"，从而创造出具有共识性的"形"，这一"形"就叫作"文"。《说文解字》中说，"错画也，象交文"，"依类象形，故谓之文"。《说文解字》虽然没有把结绳或陶器符号看作真正的文字，但许慎也并没有把文字定义为仅仅用来记录声音的一种手段，相反他认为："文"并不是被动记录的遗迹，而是一种"依类象形"的人为存在。因此，所谓"文"即"象"与"形"循环与相互作用的产物，也是把混沌世界转换成可以感觉到的（the sensible）、可以说出的（the sayable）、可视的（the visible）一种得到共同认可的符号系统（system）。

访：请问《说文解字》在韩国的流传情况如何？有无

韩国的汉字研究：探索汉字的文化性
——专访韩国汉学家河永三

韩文版的《说文解字》呢？另外，请问您所说的"文"与"字"之间又有何关联呢？

河：许慎在《说文解字》里阐述了汉字的"六书"——象形、指事、会意、形声、转注、假借。当然，《说文解字》并非一部简简单单的"字"书，它的作者许慎对其有"五经无双"之称。《说文解字》是许慎多年研究经学而作的一部"宝书"，其中所蕴含的文化意义当为中华文化的原型。但目前韩国学者对中国经学研究尚不深入，难以通达每个汉字所蕴含的深刻哲理，加之翻译工作所需要的细心和耐心。我正在翻译《说文解字》韩文版，但面世还需一段时间。

以"文"为基础，"字"便无休止地衍生新字形、新读音、新意义。它在不断地由简单走向复杂，简单和有序并存，复杂和无序共生。这种"无序"表现在以"文"为母字而繁衍的"字群"中。例如"目"这个字创造出来以后，所衍生出的派生字是极其多的（《说文》已收118字）。诸如"督""睗""眲"等字就把人的视觉形象与"毛笔""蜥蜴""斧钺"的形状结合在一起。

"文"是汉字的最初形态，是对知识的视觉化表征，表示事物及事物之间的相互联系。"文"之造字理据为"观物取象"，但又不只停留在具体的表象上，而是对客观事物进行主观加工、抽象化。"字"是"依象而尽意"，由"文"繁衍滋生，从而形成了一个庞大而无序的汉字符号系统。

造字理据是对客观世界的描摹，事物"象"的组合又结合了形象思维和抽象思维。汉字"观物取象"的同时又"依象尽意"。"文"之"象"的不确定性、概括性、写意性，使之具有了人文意义的延伸。汉字几千年的绵延，留下了丰富而宝贵的知识视觉表征资源。传播使用过程中的简化、统一等因素造成了汉字的彻底符号化，并使汉字的"能指"与"所指"相分离。与表音文字体系不同，汉字无法去除所包含的所有历史信息。当然，从汉字的特性上看，虽然有些汉字可以隐藏或掩盖以前的意义，但痕迹是永远不能消除的。

访：据我所知，表音文字系统一般指西方的拼音语言，表意文字系统则一般指东方的汉字语言。这两种文字

韩国的汉字研究：探索汉字的文化性
——专访韩国汉学家河永三

系统所体现出的中西思维方式有什么不同呢？

河：20年前，我把罗常培先生的著作《语言与文化》译成韩文，这部著作通过对汉语词义的分析来讨论语言和文化的关系。语言不可能离开文化而独立存在，所有的语言都有一个底座，这个底座便是社会遗传下来的信仰、生活习惯、生活模式的总和。每个民族都有各自的信仰、生活习惯、生活模式，因此也形成了各式各样的语言文化。

比如西方一些学者认为，在中国古代早期很长时间里，中国哲学不存在"真理"这一概念。佛典汉译带来了"真"的概念，此时中国才把"真"当作"真理"来用。这种中国无"真理"的说法一直成为西方认识论的主流。我并不这样看。"真理"的概念在中国传统里，尤其在汉代以前的中国，是一种修养性的，而非概念性的。中国的"真理"蕴含在实际行动中，无须通过语言表述的层面来表达"真理"的概念。通过考察甲骨文的"贞"字和金文的"真"字，我最后认为它们是同源的。通过它们的同源关系，可以梳理出中国早期对"真理"概念的认知和演变。我的考证分为四个方面：第一，"真"字的字形理据，"真"字通过什么样的语义引申过程，最后达到了可以表达"真理"的概念；第二，分析两字字形、字义、字音关系的紧密性；第三，从字义方面考察《说文解字》中所见"真"字字源的意味指向以及秦汉以前传统文献所见"真"字的用法；第四，从甲骨文时代贞人的地位和角色以及古代占卜贞问仪式来分析"真理"概念的来源。

中国与西方的哲学思维不同。在西方，二元对立的分析哲学一直占据主流，而在东方，阐释学思维更为重要，不以主客观的对立、人与自然对立的二分法来看待问题。中国的阐释学思维是一种包容性的，追求的是与自然的相合相融，与西方追求主体为中心的形而上学有着很大的差异。以主体的观点定型的世界观，在传统中国式的思维中难以发挥主导性的作用。海德格尔说，"真理"存在于解读世界这个文本的过程之中，将自然界、社会所隐藏着的"真理"揭露出来的过程，便是追求真理的过程。

访：如此看来，汉字所具有的表意文字的属性，与自然结合得更紧密些？

韩国的汉字研究：探索汉字的文化性
——专访韩国汉学家河永三

河：有这方面的因素。中国传统思维通过视觉意象来了解周围的世界，而非西方的表音体系。当然，这并不能否认西方表音文字体系里也包含视觉意象。比如西方语言里的"思辨""启蒙"等观念词语，也是以"光明""光线""启蒙"作为字源的。西方重视听觉、重视逻辑的文字体系通过语言形成意象，在这一点上表音文字和表意文字是相同的。汉字至今仍保留着强烈的象形文字和表意文字的特性，这表明自古以来的天人合一、人与自然合一的自然观也是一脉相承的，视觉思维的汉字让人们直接面对自然，通过观察去了解事物的本质。在有些汉字上，会通过事物构成成分之间的搭配来表达形象，"尖"字便由"小"和"大"构成，"大"在下，"小"在上，形象地表示出越往上越窄的意义。可以说，在汉字王国里，一个字就是一个词汇，汉字就是词汇学。如果不研究文字的话，一些重要的概念根本无法处理。比如"仁、义、礼、智、信"作为中国古代儒家提出的五个道德范畴，都是单个的字，代表着人伦之道，这种人伦之道与自然之道相应，具有高度概括性和历久弥新的时代意义。

访：河教授，您能介绍一下汉字传入韩国的历程吗？当下韩国的汉字教育情况如何？

河：汉字具体什么时候传入韩半岛地区，没有确切的历史记录。在高句丽和百济时期，韩国便开始使用汉字了。1466年，朝鲜第四代君主世宗创造了"训民正音"。从此之后，汉字和韩文在韩国并行使用。近两千多年以来，韩国一直使用汉字，绝大多数的历史书籍、文学书籍均用汉字写就。直到1945年，朴正熙政府颁布"韩文专用法律案"，提倡爱国精神，试图全面废除汉字，改用韩文。近年来，随着中国综合实力的不断增强，韩国对中国的关注持续增温，对汉语的学习和教育方面热情也空前高涨。可以说，如今韩国的汉字教育在韩文教育和英语教育的夹缝下生存。

访：针对这种情况，河教授有什么合理的建议吗？

河：我觉得韩国政府应该顺应时代潮流，大力推广汉语教育。由于韩国年轻人不懂汉字，无法阅读用汉语写成的韩国历史文献，韩国国民的整体汉语水平也越来越低，这在一定程度上造成了韩国的文化危机。另外，韩国的汉

韩国的汉字研究：探索汉字的文化性
——专访韩国汉学家河永三

字考级制度方面也需改进，部分考级机构还不够规范。教育部应统一规划，规范汉字的考级机构，促进汉字考级、汉字考试的良性发展。同时规范汉语私立教育市场，配备优秀的汉语教师。最主要的是恢复汉语在韩国小学阶段、中学阶段的教育，使其与韩国政治界、经济界、文化界所需的汉语人才对接。

韩国学术界应加强教育用汉字字表的修订，促进教育用汉字数量、字种、字形的标准化，充分实现韩国的汉字教育与汉字圈的汉字教育接轨。目前，中韩通用汉字数据库的建设也取得了一定的成绩，该数据库所包含的4个子库——韩国汉字研究信息库、韩国现代用汉字数据库、中国通用汉字数据库、中韩通用汉字联合检索库——也已投入使用，为汉字的研究提供了便利。

亚洲地区虽然同属一个汉字文化圈，但在当今这个信息化的时代，文化圈内部所存在的汉字差异却给交流造成了一定的不便，所以我觉得韩国在接下来很重要的一步是走汉字共通化的道路。只有这样，韩国才能避免被边缘化的危险，更好地融入汉字文化圈。韩国的汉字谱系中存在一些韩国固有的汉字。这是汉字传入韩国之后与韩国文化相融合下的产物,不仅蕴含着丰富的韩国文化内涵,还提供了汉字在韩国使用之历程的证据,同时也反映了韩国特有的文化遗产,包括思维方式、伦理观念、宗教民俗、宗法制度及典章文化等。在汉字共通化的过程中,这些韩国固有汉字可以适当保留,以体现大韩民族、大韩文化的独特风貌。

访:当下,中国人学习汉字的热情也空前高涨,一些汉字比赛节目如雨后春笋遍地开花,比如《汉字英雄》《中国汉字听写大会》等,目的是想"寻找键盘上丢失的文字",获得较高的收视率和关注度。有些人认为,这类节目让中国人告别喧嚣、静心书写,同时可以展现手写汉字的魅力和汉字文化的博大精深,唤起每个人的汉字书写情怀。请问您怎么看待此类的汉字节目?

河:当今时代,迅猛发展的科学技术带来了汉字书写形式的迅速变革,电子版、打印版文本使用率颇高,使得大众手写汉字的频率大幅下降。加之新媒体时代下人们对拼音输入法过度依赖,使得汉字的书写更是被"打入冷

韩国的汉字研究：探索汉字的文化性
——专访韩国汉学家河永三

官"，越来越多的中国人不知如何用笔书写汉字。拼音输入有着取代中国数千年传统汉字书写的趋势。在这样的背景下，你刚才提到的两档汉字节目——《汉字英雄》和《中国汉字听写大会》的确为每个人的汉字手写状况做出了及时有力的提醒。另外，可以适当开发一些适合手写汉字的多媒体，比如在电子屏幕上练习书写毛笔字的设备等。年轻人习惯使用手机，一定要考虑到现代年轻人的环境。我相信，在不久的将来，一定能有在手机里练毛笔字的软件。

仅仅会书写汉字也是远远不够的。几千年来汉字文化源远流长、博大精深，汉字精神在炎黄子孙的血脉里流淌，只有真正了解字源文化，"知其然也知其所以然"，通过单个的静态方块字，体验中华文化之伟大，传承华夏文明之薪火，方可成为真正的"汉字英雄"！

汉字在海外的传播是海外汉学（中国学）传播的基础。中国汉字里蕴含着丰富的中国文化、中国思维。认真研究汉字的属性和文化底蕴，方能成功探讨中国文化在海

我们在这里,这里是北京
——外国学者视阈中的北京文化形象访谈文集

外成功传播之途径。通过对汉字字源的考证,可以发现汉字所承载的中西哲学思维所存在的巨大差异,这也是汉字瑰宝的魅力所在。这种魅力,穿越千年的历史沧桑,正吸引着越来越多的海外学者投身于这门看似冷寂枯燥的学问中。

  我们的采访地点在河南安阳。安阳"安"的甲骨文字写法颇具美感。在甲骨文"安"字里,我看到的是一个女子正恬静、安然地坐在屋檐底下,用她那慈爱和深情的目光编织着一个祥和温暖的家。河永三教授对其名字的解读也颇具玩味,他告诉我,他的名字为其爷爷所取,"永"是一个抽象的概念,是"泳"字的本字,甲骨文里"永"是由"江水"和"人"组成,意为人在水中游

河永三教授与中国小朋友在一起

泳。"三",即"三才",天、地、人。河教授试图通过对汉字的精研,以实现最终在中国文化、东亚文化中自由畅游之理想。

汉字中有故事,汉字中有知识,汉字,是中华民族为之骄傲和自豪的文化瑰宝!

我真正的精神家园是北京
——专访奥地利汉学家雷立柏

王寅冰　北京外国语大学国际中国文化研究院

雷立柏（Leopold Leeb），1967年生于奥地利，1988—1991年于台湾辅仁大学学习汉语和中国哲学，1995年来中国大陆，1999年获北京大学哲学系博士学位，2004年以来任中国人民大学文学院教授，长期从事西方古典

（照片由雷立柏教授提供）

语言文化的教学及推广工作，研究视野广泛，除西方古典学外，还兼及基督教、现代汉语、中西文化比较等领域，出版《圣经的语言和思想》（2000）、《古希腊罗马与基督宗教》（2002）、《西方学者眼中的中西文化》（2012）、《拉丁语入门教程》（2014）等中文著作40余本。

"我不是个汉学家，我是个革命者"

2016年1月北京的夜晚，寒风料峭，时钟已近9点，中国人民大学的一家咖啡馆里，忙了一天的雷立柏刚刚和学生谈完话，他稍稍换了个坐姿，喝了口茶，随即神采奕奕地表示现在就能接受我们的采访："我们开始吧。"

这个场景某种程度上是他每天忙碌生活的缩影。如今已近50岁的雷立柏依然给人以精力充沛的印象，不仅说起话来中气十足，时而慷慨激昂，神采飞扬，时而绘声绘色，手舞足蹈，而且连步子也很矫健，浑身上下洋溢着在这个年纪不太多见的朝气。工作以来，他几乎每天早上6点起床，喝一杯咖啡，早饭后七八点钟开始坐到书桌前,写书、翻译、备课,午饭一般自己做,上完下午的课午休片刻,又继续工作,晚上接着去上课,有时还要参加读书会。

这样严格的作息,很多人会觉得苦不堪言,雷立柏却乐在其中。

他喜欢行动着的自己。

除了在中国人民大学承担拉丁语教学工作外,他还在北京师范大学、后浪出版公司的教室、西什库教堂等各个地方为各式各样的人讲授西方古典语言。为了激发中国人对西方古典文化的兴趣,吸引更多人了解、学习古希腊语、拉丁语和希伯来语,除语言教学外,雷立柏还尝试着向中国人介绍中世纪文学史、教会史等各种语言背后的文化内涵。"现在大部分中国人写的西方文学史,古罗马的部分和中世纪的部分往往很简略,甚至直接从希腊就跳到但丁了,我希望通过自己的写作改变这样的认识。"不光是文学和宗教,雷立柏还试着用更直观的方式展现西方古典语言的美感:"不光汉字有美学,下学期,我还会给学生开古典语言的书法课!"

我们在这里，这里是北京
——外国学者视阈中的北京文化形象访谈文集

讲起案头的工作，先后出版了40多部中文著作的雷立柏如数家珍，"我有一部拉英词典，我一个人编的，200多万字，如果出版，可以弥补现在的一些空白……我有六七份书稿都已经交稿了，现在在等出版社的消息"，"古罗马有个研究希腊历史的学者普鲁塔克，他写了《希腊罗马名人传》，把亚历山大和凯撒这些人放在一起比较，我有一套书借鉴这个思路去比较中西的人物，里面最成功的可能是对安提戈涅和窦娥的分析，她们作为女性，临终时她们和亲人、和老天爷的关系是什么样的？这样的问题很有趣，中国人看了可能会有新的思考！"

出于这种对行动和改变的极端执着，当我们称他为汉学家时，他甚至认真地表示反对："马克思有句话，我觉得说得很好，重要的不是怎么解释世界，而是如何改变世界，从这个意义上说，汉学家更喜欢分析、理解世界。我不是汉学家！也有人批评我，说我做的事情太多太杂，没有时间做深入的理论研究，我不在意，因为我是革命者，我要改变世界！"

至于当"革命者"的精神动力，则来源于他对西方古典语言对中国人的价值的坚定信念。他在很多场合说过，在西方，拉丁语及其承载的罗马文化代表包容一切的胸怀和法律精神，古希腊语及其背后的文化代表哲学、历史学、文学等辉煌的人文科学，希伯来语和犹太传统则贡献了一神论以及它们独特的律法和历史观，所以，拉丁语、希腊语和希伯来语是西方文化的"三个代表"，只有了解、掌握这三种语言才可能深刻地理解西方文明。

但遗憾的是，在今天的中国，这些语言仍然没有得到应有的重视。"大部分研究西方的老师都不懂这些古典语言，因为自己不了解，他们也很少会向学生强调这些东西的重要性。"谈到中国学术界在这一方面的缺憾，雷立柏常常引用1997年他在北京大学听讲座时一位从日本回国的学者的话，"那位老师说，中国人研究了那么多西方文化的'反'，却几乎没有研究过西方文化的'正'，中国人对法国革命之后西方的东西，比如马克思、弗洛伊德、后现代，都已经弄得很熟了，这些'反'都是对原来的'正'的反思，抛开'正'单单去看'反'，怎么行呢，那么'正'是什么？就是古代文化和中世纪！"

雷立柏给自己定的目标是尽可能通过自己的努力改变这一局面，"我有很强的使命感，20多年来我的努力就是希望中国人能够更多地重视这些古典语言，没有这些积淀，中国的西学很难达到更高的水准"。在雷立柏看来，西方古典语言不仅是中国学术上更上层楼的必要准备，而且能为当代中国提供直接的精神资源，"现在中国最缺的还是法律精神，孔夫子的传统是讲'礼'，对'法'讲得不够，比如怎么认识自己的权利？怎么尊重他人的权利？这些精神追根溯源，还是在罗马法，要深刻地体会这些思想，就应该学一点拉丁语，去读西塞罗的原著。"

即便几乎试图在所有可能的场合向中国人普及西方古典，雷立柏也并非泥古不化之人。他一再说明，研究古代文化并不是要回到古代，而是要像彼得拉克那一代人一样，从古代文化中寻找精神资源来回应人们对当下问题的关切。在他看来，"中国大陆现在正有一个'彼得拉克式的机会'"。"台湾的传统文化保存得很好，但他们和传统之间缺乏距离感，他们很多学校的校训现在都还是'仁

我真正的精神家园是北京
——专访奥地利汉学家雷立柏

义礼智信'",他认为中国大陆的条件就非常好,相较于台湾,"传统"在中国大陆是一个可以被重新发现、发掘的东西,这个距离感再加上当今中国对重建精神价值的渴求,就是一个"小规模文艺复兴"的最好机会。而在全球化的今天,"这种对自己传统的反思,必然会同时引向对其他文明的根源的探索",这样,西方古典文化将有可能在当代中国和中国传统文化一起被赋予新的时代意义。

雷立柏的这些声音正在慢慢得到回应。"后浪出版公司的老板曾经跟我说,别人告诉他,不要碰拉丁语,在中国根本不会有人买这些书,但是他们后来还是决定出版我的书,慢慢的,他们发现,书的销量比想象的要好,中国人并不是对拉丁语完全不感兴趣!" 谈到这些,雷立柏满脸幸福,"很多学生非常喜欢我的课,我年龄最大的学生是一个80多岁的老太太!"甚至还有几个学生在他的鼓励下远赴欧美攻读拉丁语、古希腊语和希伯来语的博士,立志将来像他一样成为中国的西方古典语言研究专家。

这些点滴的进展都给了他莫大的安慰。

年近五旬的雷立柏,如今仍然直言,"孔子是和我最接近的人"。在他身上，传统儒家经世致用、刚健奋进、九死不悔的人生哲学似乎得到了某种来自大洋彼岸的坚定回应。

不可否认，年龄终究也在一个人的心中留下了痕迹。向来作为"革命者"和"行动者"以精力无限示人的雷立柏，在某些夜深人静的时刻也许也会感到一丝孤独和疲惫，"我年轻的时候觉得自己可以改变这个世界，最喜欢读的书也是《论语》，现在可能是年龄大了的缘故吧，我开始欣赏道家。我慢慢对自己说，一个人的力量其实很有限，能改变的不多，不要太着急，能做多少就做多少……"

然而，即便如此，雷立柏从未想过要停下来。

"要做的事情太多了"，他说。

"汉语真的很美，汉字却可能是中国最大的敌人"

雷立柏初识汉语是在维也纳街头。那时他还很年轻，望着海报上繁体的"臺灣"两字出神许久的他，大概不会

我真正的精神家园是北京
——专访奥地利汉学家雷立柏

想到,许多年以后自己将和这些纷繁古怪的文字以及它们背后的那片土地结下不解之缘。

大学时,一个偶然的机遇使他得到了去台湾辅仁大学学习的机会。对"臺灣"两字的记忆激发了他的斗志,"山越高,我就越要爬",再加上他对东方哲学的兴趣,他毅然接受了这个挑战,只身前往台湾。

在台湾的前两年,基础语言知识的学习有些枯燥,进度也慢,雷立柏很快不再满足于此,渴望更深入地了解汉语和它背后的中国文化。"我的耳朵不好,但眼睛很厉害",擅长阅读的他,一方面"找到一本汉英词典,一天背一个部首,日积月累,一共抄了7000多张卡片",另一方面又买了学生版的《论语》,逐字逐句对照着看,就这样,"慢慢地开始能读懂孔夫子的原文了"。直接阅读孔子,这对雷立柏来说无疑是种奇妙的体验,"高中的时候,我学希腊文。有一天发现可以读原文的《新约》了,我很激动,觉得自己读的是两千年前的东西,了不起。同样的,如果读孔子不读英文版、德文版,直接去读中文原文,那也了不起!"直到今天,雷立柏仍然坚持着这种对经典原文的执着，他说："中国学生读西方经典，西方学生读中国经典，哪怕中国学生读中国古代的经典，都要尽量读原文，这是一个非常伟大的事情。和古人直接对话，不管是柏拉图、西塞罗还是孔夫子，你听到的是他们原来的声音，这是跨越几百年、几千年的忘年之交！"

雷立柏还格外强调成语的作用，"每种语言最精华的地方就在成语。中国成语尤其优美，充满智慧，你可以通过成语委婉地批评，也可以很诙谐，很多地方非常微妙。所以我教外国人汉语，一定要教成语，不懂成语就不能了解中国人。俗语里面有着人生的智慧，我妈妈的一个教训是，'你今天能做完的事情就绝对不要等到明天（Was du heutekannstbesorgen, das verschiebenicht auf morgen）'，这话影响我一生。我想汉语成语里也有中国人的哲学。"

尽管雷立柏现在的汉语已经相当流利，基本可以毫无障碍地交流，但他的汉语学习研究之路却并未停止。和绝大多数以汉语为母语的中国语言学研究者不同，雷立柏更喜欢从西文的视角观察汉语。在他看来，"现代汉语实

我真正的精神家园是北京
——专访奥地利汉学家雷立柏

际上是非常西化的语言,很多词的背后甚至有拉丁文的成分,大部分说汉语的人并不知道",所以要想彻底感受现代汉语的美妙,"你可能必须要懂一点拉丁语"。为此,他举例说,现代汉语中的"母语"这个词最早可以追溯到奥古斯丁的《忏悔录》,书中说作者的拉丁语是从温柔的妈妈那里学的,而后来教授外语的则是学校里粗暴的男性老师,在此之后才有了"母语"这个词,英文的"mother tongue",德文的"Muttersprache",包括汉语的"母语",都是这样来的。如果要追溯这个词背后的文化意味,则可以发现,正是当时的基督信仰提高了妇女地位,才使得"母语"这样的构词得以在当时原本男权至上的社会产生。从这样的视角看,每一个词都有自己的历史,或者说,每一个词就是一段历史。像这样中西文并举互相阐发的例子在雷立柏那里比比皆是。除了"母语",他还举"瞳孔"为例,汉语中的"瞳"从构字来说是眼睛里的儿童,而英语表示瞳仁的"pupil"也有"小孩"的意思,同样的情况在拉丁语、希腊语、希伯来语和阿拉伯语里也可以找到。至于原因,他认为这是因为当我们和别人对视时,会在他人的眼中看到一个"缩小的自我"。

和其他许多单纯地推崇汉语的汉学家不同,雷立柏虽然深深地被汉语之美所打动,发自内心地爱着汉语,但同时也发现了汉语很少为国人关注的另一面,甚至语出惊人地说:"汉字可能是中国最大的敌人!"这话要从雷立柏对自己"中西沟通的桥梁"这一定位说起,桥梁不是单向的,有来就必然要有往,因而,20多年来,雷立柏并不满足于仅仅将西方文明的精髓介绍到中国。痛感于西方世界对中国了解的匮乏和片面,他一再试图将何光沪、汤一介等他认为当代中国值得被世界倾听的声音翻译成英文、德文,并希望借此让中国的文化、中国的学术走向全世界。然而,在这个过程中,他发现,翻译的作用毕竟有限,最好的办法是让外国人学中文,可以直接去汉语世界了解中国的一切。要做到这一点,他感到"汉字是最大障碍,最大的敌人"。

雷立柏惋惜地说,相比于中国,日本文化在世界范围内要成功得多,日本的动漫、作家和品牌在国外知名度都很高,其中一个重要原因就是日语的假名比汉字容易得

我真正的精神家园是北京
——专访奥地利汉学家雷立柏

多。"我有一个当老师的姐姐,请假一年去旅行。她决定学好日本语然后去日本,我说我是你弟弟,你为什么不学中文,她说中文实在太难了,根本学不会。大部分人都是这样的选择,你看,假名一共就100多个符号,还都很简单,汉字呢?2000个、3000个、4000个,笔画一个比一个多,读音也是大问题,声调搞不懂,读音和字的写法也没规律,记不住啊!"

"我为什么那么痛苦?汉字太难了,需要花那么多的精力才能够深入进去,所以我说汉字是中国最大的敌人。"按照雷立柏的说法,汉字的繁复不仅阻碍中国文化对外传播,很多时候甚至对中国人也产生了影响。"因为在汉字上倾注了太多精力,中国人可能干其他事情的力气就少了。我在台湾的时候,觉得台湾的楼盖得很难看,但好像没人在意,人们关注的是一楼二楼的广告牌,关注上面的字写得好不好,隶书、楷书、行书、草书、欧体、苏体,花样很多,非常讲究。"纯粹出于某种非功利的偏好,在一切细微处追求近乎不可理喻的极致精巧,在雷立柏眼中,中国文化的这种特色也淋漓尽致地体现在中国人对吃的讲究上:"我对食物不那么在乎,我自己给自己做饭,一般只有胡萝卜、洋葱等,很简单,中国人很不一样,点菜可能就要15分钟。中国菜非常好吃,很精致,名字多,花样也很多,但过于烦琐,过于奢侈,浪费时间,太浪费时间了……"

为了尝试在语言层面解决这一问题,让汉语成为一种世界通行语言,让外国大众也能很快学会汉语,雷立柏专门设计了一整套汉字简化方案。具体而言,这套方案在保留繁体字形旁部首的基础上,用汉语拼音代替声旁部首,比如"礼"字在他的简化方案中就写作"礻lǐ"。雷立柏认为,完整的汉字太难记,全部改用拼音同音字又太多,因而应该采用一种汉字和拼音结合的表记方式去代替现有汉字。传统汉字中的形旁简单且有意义、合逻辑,相比之下,汉字的声旁往往形态复杂而且缺乏逻辑。在他看来,形旁加拼音的组合既简化了书写又保留了汉字的文化特色,还解决了汉字长期以来最为困难的"可读性"问题,无疑是最佳的选择。当然他也承认,这只是外国人学习汉字的第一步,等到他们熟练掌握了这一套,就可以在此基础上更上一层楼去学习简体字和繁体字了。

这种简化也遭受了不少质疑：是否会破坏汉字的美观？是否会使人们丧失对汉字构形中的文化意蕴的直观体验？对此，雷立柏举奥地利人对Alpes（阿尔卑斯山）一词的感知进行回应："albus是白色的意思，所以从词源看，Alpes有白雪皑皑的意思，绝大多数奥地利人不知道这一点，事实上，大部分人都对他们说的语言背后的象征意义知道得很少，但是没关系，只要他们想，他们很快就能理解，就比如一个奥地利人只要稍微接触一点拉丁语，就能在再次面对'Alpes'这个词时心领神会。我想汉语也是如此。就算中国大陆现在废除了繁体字，繁体字仍然在博物馆里，在旧书里，只要你想看，它就在那里。"

"我真正的精神家园是北京"

1991年，雷立柏第一次来到北京。那时他刚刚在台湾辅仁大学完成3年的汉语学习。回国之前，他就打算经香港进入中国大陆，亲眼看一看北京，然后再坐火车穿过漫长的西伯利亚铁路回维也纳。第一次踏上北京的土地，一向爱好骑行的雷立柏便对北京的自行车道倍感亲切。由于家里向来重视环境保护，不用塑料袋，也尽量不开车，雷立柏从小就喜欢骑车。1991年刚到北京时，看到这里又直又宽、绵延不绝的自行车道，路上屈指可数的汽车和举目皆是的自行车，他禁不住要感慨北京简直是"人间天堂"。

在这之后的相当长时间里，骑行在北京的大街小巷一度成为雷立柏工作之余放松身心的首选。"那段时间，我经常从通州骑车到怀柔红螺寺，那里有山，空气也好，听着鸟叫，很舒服。"后来，随着机动车的增多和空气质量的恶化，那些随时可以在北京城里逍遥骑行的日子逐渐成为过去。现在的雷立柏，虽然不再像从前那样频繁地骑车，却习惯时常在天气好的时候去香山和附近的西山公园散步，"那儿很安静，你知道吗，在山上看到的北京，和平时看到的不一样，很美啊……"

除此之外，北京深厚的历史文化底蕴也深深吸引着雷立柏。他打趣道，现在除了爬山和偶尔去北京城里的老胡

我真正的精神家园是北京
——专访奥地利汉学家雷立柏

同走走之外,他最爱逛的就是北京"死人的地方"和"老的石头"。他指的是利玛窦等欧洲来华传教士的墓地和西什库这样的老教堂。每次到这些地方,他都能清晰地感受到自己和这些古迹之间所产生的某种微妙而隐约的历史联系。"我是一个北京的拉丁语老师,可是有一个意大利人,700年前就来到北京教拉丁语……"从元代的孟高维诺到明末清初的利玛窦、汤若望和南怀仁,几百年间,一代又一代像他一样将遥远的中国作为自己毕生阵地的欧洲人先后来到这东方帝都,北京见证了他们的荣辱和哀乐。他们带着虔诚的宗教信仰和各式西洋珍奇,怀着极大的勇气,从广袤无垠的亚欧大陆的另一端扬起风帆,远渡重洋,历经艰险,终于踏上了这片古老而神秘的土地。对他们来说,从此,北京再不是充满着异国传奇色彩遍地黄金的云端的国度,而是结结实实承载着他们日复一日、年复一年的心血、岁月和汗水的土地,或许,也终将是他们的埋骨之所……每次谈到这些,雷立柏都显得很感慨,"他们有的是医生,不知给多少这里的人治病,最后自己也慢慢变老、生病、葬在这里,一代又一代……想到自己做的事情，再想起他们，有时我真的会很感动。"

相较于这些弥漫着厚重的传统和历史气息的地方，雷立柏对北京高耸入云的摩天大楼和光怪陆离的当代建筑却总欣赏不起来。他不喜欢鸟巢和水立方，对央视的"大裤衩"几乎嗤之以鼻，甚至对于北京宏大的建筑格局也颇有微词。"我对于大的东西一概讨厌"，在雷立柏的眼里，动辄七八个车道的路实在太宽了。"如果你是个老人家，要怎么过呢？"类似东二环那样的高楼大厦又实在过于恢宏，恢宏得"让你感觉人太渺小了"。真正好的建筑是"比例适中、符合人性的"，很多时候，"small is beautiful"，"大"却往往使人感到紧张和局促。和现代北京林立的高楼和炫目的玻璃幕墙相比，雷立柏显然更倾心传统北京低矮灰暗的胡同和四合院，就像他对老上海的弄堂和澳门旧城古路的偏爱一样。

也许同样是出于对高速发展背后某些东西的敏感，对北京日新月异的变化赞叹不已的同时，雷立柏也始终存在着某种隐忧。"这些年北京的进步太大了，到处是高楼大厦，光说公交车，十几年前，多少人挤在一辆破车里；

我真正的精神家园是北京
——专访奥地利汉学家雷立柏

现在，不光车多了，而且车里的环境也非常舒服。"可同时，他又对北京拥挤的交通和糟糕的空气感到无奈，"从前道路规划是以自行车为主，后来北京就把主要力气花在建设三环、四环、五环上，这也是进步。但中国是社会主义国家，现在的公共交通虽然也发展了，但还是不够，公共交通多了，私家车就少了，空气也会好"。

雷立柏还饶有兴致地提到他在北京看牙的经历。他说，虽然排队挂号等了两个多小时，不过医生的精湛技术让他相当满意，"我的牙不好，是家里的遗传，所以我在北京经常去看牙医，我真的要感谢这里的口腔医院，两千多块钱做一个牙冠，做得非常非常好，我只能称赞他们"。可话刚说完，他又紧接着补充说："但我知道，我很幸运，这是全中国最好的口腔医院，在其他城市的人可能得不到这么好的服务。"谈及诸如医院等各类资源在北京的过度集中，雷立柏感到担忧："北京很好，因为所有的好东西都集中在北京，但最好的情况是，像石家庄、太原、保定这样的城市也都有像北京大学这么好的学校。可我知道，这是中国的传统，要改变可能很难。"

在谈到对北京人的印象时，雷立柏坦言他接触的主要都是高校圈子，和普通北京人打交道的机会比较少。他对身边的年轻学生评价很高："在人民大学，我的课是选修课，完成学业之余还有兴趣、有信心、有耐心学好拉丁语的，这是什么样的学生？精英中的精英。"即便如此，谈到近十年来中国大学生的变化时，雷立柏仍然感慨，在20世纪90年代初的北京，他身边最聪明的同学都去中文系念文学，周围到处弥漫着理想主义的气息；到了今天，优秀的学生都跑去读商学院、经济系和计算机系，和以往相比，人文学科被边缘化了。"我知道很多中学生，每天都很辛苦，因为压力很大，竞争很激烈，他们想去国外上好的大学，这样回来之后才能够有好的工作，这样的环境里，人文的气氛好像变得很弱。"

而对于在北京生活的这些现实压力，雷立柏笑言，这些对于他来说都不是问题："我很感谢中国人民大学，给我那么好的房子住，我开销不大，收入也够用，我什么都不担心。"

谈到现在的生活状态，他动情地说道："我可以什么

我真正的精神家园是北京
——专访奥地利汉学家雷立柏

其他事也不想,从早到晚坐一整天写我的书,很少人能有这么大的自由,你知道吗,我是非常幸福的人啊!我可能也很忙,教书、写书,可我喜欢这些,做这些事情,我很快乐。"

当被问及已近天命之年还孤身一人身处异乡,会不会觉得为了自己的事业放弃太多时,雷立柏笑了笑说:"可是在北京我得到的更多啊,学生的爱戴、学生的激情,这些都支持着我。小时候,我跟妈妈说我要做一个作家,想写畅销书,我妈妈说,那可能不太容易,还是要有一个正规的工作。"说到这,他露出了孩子般自豪的神情,激动地抬高声调说道:"可是现在我做到了,在这儿,我是一个——作者!"

"我可以吃北京烤鸭,也可以不吃,但只有在这儿,我写的书有很多人读,我说的话有人听,有人可以和我对话;有人理解我,有人喜欢我,这对一个人来说是最重要的!从现实的角度,我可能应该回奥地利,那里空气好,水干净;但是我不行,如果我回去,我做的事情就变得毫无意义。我花那么多年编一本拉丁语词典,在奥地利可能只是第一百零一本；然而在中国，我带来了改变，只有在北京，我做的事情，我这个人才有意义！"

"从这个意义上说，我离不开北京，我真正的精神家园是北京。"

一个与众不同的世界,一个等待再探索的世界
——专访西班牙汉学家马龙

余倩虹　北京外国语大学国际中国文化研究院

曼努埃尔·佩雷兹·加西亚(Manuel Perez Garcia)博士,中文名马龙,西班牙人,毕业于欧洲大学学院(Europ-ean University Institute),曾任中国人民大学国际关系学院国际政治系副教授,主

(照片由马龙教授提供)

185

要研究领域包括全球问题、中欧国际关系、市场整合、贸易网络、跨国研究与比较研究以及全球史研究等。

在汉学（中国学）研究领域，除了我们耳熟能详的一批老一辈汉学家，在北京还生活着一群年富力强、与中国结缘的中青年学者，其中一位正是中国人民大学国际关系学院的马龙（Manuel Perez Garcia）博士。Manuel教授非常儒雅和亲切，初次见面，就亲切地告诉我们他的中文名字叫"马龙"。在中国，人们这样称呼他，他会觉得很高兴。

北京：他乡变故乡

长久以来，不少西方汉学（中国学）家都因倾情于中国文明而踏上了中国之路。马龙在很早之前便对中国产生了浓厚的兴趣。他的博士论文研究的是18世纪的消费者行为，其主要研究重点是中国产品在欧洲的影响力问题。为了探寻自己的学术梦想，马龙和夫人在2011年9月第一次

一个与众不同的世界，一个等待再探索的世界
——专访西班牙汉学家马龙

来到了中国，并选择在北京扎根生活，融入北京，爱上北京。采访中，他感慨地说："北京是我来到中国的第一个城市，而现在它已经成为我的第二故乡。"

马龙在中国的第一个工作地点是清华大学历史系，其时他在清华大学当博士后研究员，导师是刘北成教授。刘北成是在世界史研究领域卓有建树的一位学者。马龙觉得和刘老师工作的两年让自己受益匪浅。博士后出站后，为了给自己的学术研究寻找一个更有利的平台，马龙来到中国人民大学的国际关系学院国际政治系任教。不管是在清华大学还是在中国人民大学，马龙坦言，自己都生活得非常开心，有宾至如归的感觉。

语言是反映民族文化、揭示民族文化内容的镜子。将沟通中西文化作为己任的马龙深知二者之间的关系，为了更快更好地了解和融入中国文化，马龙利用一切机会努力学习汉语。初到中国时，他每周都会去清华大学的汉语课堂学习，通过自己的努力，马龙达到了汉语中级水平。到了中国人民大学以后，在授课之余，他依然没有间断汉语的学习，汉语水平进步很快。

我们在这里,这里是北京
——外国学者视阈中的北京文化形象访谈文集

外国人在融入中国的过程中,不免会遇到许多文化冲突。马龙坦言,许多西方人对中国了解很少,因此对中国仍然会有一些曲解的、不正确的观点。像晚明进入中国的传教士利玛窦这样沟通中西文化的典型人物并不多见。马龙希望能以利玛窦为榜样,尊重中国传统,理性、正确看待和处理中西文化间的差异。一方面,需要懂得通过哪些途径来学习和适应这种不同的文化,怎样与中国人相处。马龙认为,学习语言就是一种很好的方式,语言是沟通的工具,可以使外国人更快地融入普通中国人的日常生活。另一方面,要尊重并理解文化差异,西方人对中国常常存在着一种误解的趋势,总喜欢把西方的价值观念强加给中国,这其实取决于文化的差异。马龙告诉我们,其实西方所秉承的态度应该是尊重,要客观地承认这种中西差异是不能改变的,这样才能给予更多的理解。作为一名生活在中国的外国人,他既没有忘记自己的本国身份,同时也力求在尊重中国传统与价值观的基础上,积极融入中国主流社会。

一个与众不同的世界,一个等待再探索的世界
——专访西班牙汉学家马龙

北京:有太多值得留恋的理由

在来中国之前,对于中国到底是什么模样,马龙曾经有过无数的想象,他阅读过许多汉学家、历史学家的书,有讲述中国历史的,也有分析中国经济和发展的,这些书籍为他编织了一幅想象中的"中国印象"。直到真正来到北京,亲身体验了北京的生活之后,马龙感叹道:"这是一个与众不同的全新世界。"在北京的经历让他真正体验到了与西方文化完全不同的传统东方文化,他张开双臂拥抱北京,在感受着另一个空间带给他的另一个全新视角的过程中,他早已对北京流连忘返。

由于工作和旅行,马龙也去过中国的很多地方:哈尔滨、天津、杭州、兰州、广州、中山、澳门、香港等等。在来中国之前,西方人通常认为中国文化是独特且单一的,但当马龙参观了中国的很多地方后,他发现中国文化是极具多样化的。不同省有不同的方言、不同的文化,以及不同的社会习俗。比如,哈尔滨的冬天气温很低,但它的严寒却有着令人难以忘怀的美,特别是在这里举办冰雪

节的时候，洁白的冰雪加上缤纷的冰灯，二者的搭配相得益彰。另外，位于丝绸之路上的兰州，将穆斯林文化与中国文化极为协调地结合了起来。这些都是北京之外的城市带给马龙的新鲜感受，各有特色，但是马龙坦言，他最爱的还是北京。

为什么选择在北京常住呢？马龙说，因为北京不但安顿好了他的物质生活，更满足了他的个体精神，实现了他的社会价值。首先，从学术研究上考虑，北京能给中外学者提供很好的工作环境和丰富的学术资源。他在申请副教授职称的时候，浙江大学、北京师范大学、北京大学以及北京以外的一些其他高校都邀请他去工作，最后他选择了中国人民大学。因为中国人民大学在北京，北京高校众多，学者云集，方便学术交流；另外，人民大学在国际关系研究方面在中国处于领先地位，便于及时掌握最新学术动态。

其次，同样都是大都市，人们常把北京和上海拿来做比较。虽然马龙的研究涉及东西方之间的交流包括贸易往来，而上海又恰巧是一个港口城市，看似更为适合他长

一个与众不同的世界,一个等待再探索的世界
——专访西班牙汉学家马龙

住,然而,马龙不选择上海而选择北京的第二个原因是,对中国的传统文明仰慕已久的他,在传统与现代之间,他更倾心于传统。在上海,虽然外国人可以在更多的场合说英语,国际交流非常广泛,但外国人并没有很多的机会学习和认识到最真实、最纯粹的中国文化;这一点北京就具有中国其他城市所不能比拟的优势。北京是几代帝都,中国多个朝代的权力中心,其现存的宫殿、庙宇等古建筑居全国之首,而且它属于内陆地区,相对于上海的国际化,"传统"的特点在北京留下了更深的烙印。上海与北京,有点类似于北京朝阳区和海淀区。在马龙看来,北京的朝阳区似乎就与中国传统文化有一定距离,那儿是商贾云集之地,世界500强的很多公司总部都集中在那里。马龙坦言自己不喜欢朝阳区。对他来说,在朝阳区,好像是置身于国外某些知名城市,而不像在中国。海淀区则截然相反,这里是中国最好学府的聚集地,人文积淀厚重。北京保留下来的一些古代建筑和老街还依然保存着很多传统文化的记忆。北京的众多名胜景点中,马龙最爱的是北海公园,因为那儿没有人潮,不会太拥挤,那片城市中央的湖面总

是给他以宁静的感觉。虽然故宫也是那么美，遗憾的是总是人潮汹涌，往往不能安静地怀想历史与过往。

再次，马龙认为北京是一个开放度很高、包容大气的城市。北京人热情宽厚，对外国人非常友好。虽然也会碰到很有个性的人，但总体是让人愉快的。比如坐地铁时，也常有人用奇怪的眼神看他，也有中国人拉着要与他合影。不过，这种情况在北京之外的城市，比如哈尔滨，遇到得更多。因为外国居民在中国的居住率仍然很低，北京之外的城市更难遇见外国人。

在北京住了4年，现在谈起在北京的生活，马龙仍然有抑制不住的兴奋和激动。他说，即使完成了学术研究，他也打算在北京常住，不想再回西班牙定居了。因为从他的头脑到他的胃，都已经习惯了中国式的生活方式。他很喜欢北京小吃，尝过北京的豆汁儿和炸酱面，最爱的是烤串儿和北京烤鸭。他还特别喜欢辣的食物，经常吃四川小面和兰州牛肉面。他还发现，在中国，人们经常去KTV，他也去过，因为他很喜欢音乐，虽然他不太会唱中文歌，但是觉得和朋友们一起在KTV玩耍很有趣。

一个与众不同的世界,一个等待再探索的世界
——专访西班牙汉学家马龙

北京:传统与现代交相辉映

北京最迷人之处就是它传统与现代的完美结合。一方面,北京3000多年的建城历史在此留下了无数极具审美价值和文化价值的古迹;另一方面,北京是中国的象征,也是中国的政治中心、文化中心和国际交往中心,因此北京也不可避免地要朝着现代化大都市的方向发展。作为一个历史学家,追寻着北京"历史文化古城"的盛名而来的马龙更偏爱传统的北京。同时他也关注到一个现象,北京在城市建设的过程中,似乎很难在传统性和现代化之间保持平衡。比如北京现在已经看不见很多古老的胡同了,旧城改造也使得北京的一些地区失去了其极具特色的原有风貌,这是令人遗憾的事情。马龙认为,如何采取措施解决"传统"与"现代""发展"与"保护"的矛盾实为北京的当务之急。不过,从去年开始,马龙非常欣喜地发现,中国政府已经开始实行"一带一路"政策,既保持中国的现代化进程和经济发展,同时,也倡导尊重历史,发扬传统文化。中华文明源远流长,更应该保护好前人留下的文

化遗产。

  北京的现代化不仅仅体现在街道两旁巍巍耸立、鳞次栉比的现代化建筑上，随着东西方文化交流的日渐频繁，许多现代化的艺术展览也在北京呈现。位于朝阳区的798艺术区就为北京增添了一抹国际化的艺术色彩。马龙去过798看过现代艺术展，他认为引进西方的艺术品和艺术风格并不能就此认为中国被西化了。相反，他觉得这是中国的艺术家们从中西差异中发现和挖掘到了许多新的创作灵感。中国之前实行的是闭关锁国政策，直到20世纪七八十年代开始实行对外开放政策，因此新一代中国人更容易受到西方流行文化的影响。举个例子，在20世纪六七十年代，中国人不太有机会接触披头士（The Beatles），即便他们在英国和欧洲早已家喻户晓，但是到了20世纪八九十年代，一些艺术家们才慢慢开始受到西方流行文化的影响，尝试把西方艺术、文化中的闪光点运用到中国艺术的创作中，并把这样的做法普及开来。马龙认为这样的文化交流对增进双方的了解、保持艺术的创新是极为有益的。

  马龙也希望无论是中国还是其他国家，无论是北京还

一个与众不同的世界，一个等待再探索的世界
——专访西班牙汉学家马龙

是其他城市，都可以在现代化发展进程中，仍然能保持其原有的传统面貌，因为只有这样，才能构筑一个多彩的世界。

北京：在建设中成长

北京在以欣欣向荣的趋势发展的同时，也不可避免地出现了许多城市化发展的问题。对于外国人而言，首先，北京的环境污染是来此居住生活所担心的问题之一，因为这关乎他们日常的生活质量，如何积极改善北京的环境将是发展的重中之重。另一个问题就是中国大学国际化的进程，与很多国际知名大学相比还有一定的差距，需要提升科学和人文研究的水平，与国际接轨。

在马龙看来，中国的国际化进程发展得并不容易。近年来，一些好的契机提高了中国的国际化水平。2008年的北京夏季奥运会给北京带来了很大变化。接下来，北京又将举办2022年冬奥会，这又将是一个提高北京经济、社会文化，促进国际交流的很好的机会。作为一个面向全世界

的比赛，届时会有许多外国人来到北京，他们将有机会认识到最本质、最真实的中国。奥运会不仅仅是一个关于体育运动的活动，它还关乎这个城市的形象、经济、文化等诸多问题。无论在哪个城市举办运动会，都会在这之后吸引更多的游客前来参观，促使更多的人来此定居，这对于这个城市的发展的确是一个很好的契机。

马龙说，北京是他开启认知中国、认知东方旅程的第一站。刚到北京时，他被这座古老而现代的东方帝都所深深吸引，于他而言，这里的一切都充满了新鲜和好奇，相对于西方和欧洲，这里是"另一个不同的世界"；时隔4年，直到今天，马龙依然觉得北京是"一个等待再探索的世界"，他始终牢记东西方文化交流的使命，怀着一颗敬畏和虔诚的心，每一天都在探索，每一天都在思考，每一天都能从这座承载着古老而神秘的中华文明的城市里发现和学习到新的东西。

人间有味是清欢
——专访关西大学奥村佳代子教授

王 静 北京外国语大学国际中国文化研究院

奥村佳代子，出生于日本大阪，毕业于关西大学大学院文学研究科。现任关西大学外国语学部、大学院东亚文化研究科教授、世界汉语教育史研究学会理事、日本中国语检定协会评议员。主要从事域外汉语资料研究。重点研究对象是近代

（照片由奥村佳代子教授提供）

日本人接受汉语口语和白话的实际情况。专著有《江户時代の唐話に関する基礎研究》（2007年），论文有《清代雍正期檔案資料の供述書-雍正4年（1726）允禩允禟案件における「供」の言葉》（2017年）等。

20世纪80年代，日本经济稳定增长，日本民众在物质生活丰足的同时，也渴望着更丰富的文化生活，进步的青年学子中间更是兴起了海外留学的热潮。此时又恰逢主张发展中日关系的首相中曾根康弘执政，中日关系进入一个暖期，中国也成为日本学生的重要留学目的地之一。来自日本大阪关西大学的奥村佳代子教授就是在这样的时代大背景下开始汉语学习，并踏上了中国留学之旅，从此与北京、与汉语结下了不解之缘。

汉语情缘

说起奥村老师与汉语的故事，可谓无心插柳柳成荫。

1988年，奥村佳代子进入关西大学，关西大学要求

人间有味是清欢
——专访关西大学奥村佳代子教授

学生学习英语以外的一门其他外语作为自己的"第二外语",奥村佳代子选择了汉语。说起选择汉语的原因,奥村老师总结道:"一方面,我从小就对中国有亲切感。日本中学的国语课本里都有一定数量'汉文'(中国古典作品)。在我读书的时候,课本里有杜甫、韩愈的诗,苏轼、柳宗元的文章,我很喜欢这些课文,也是这些作品最早引起了我对中国古典文学乃至中国的兴趣。选择学习汉语一方面是兴趣使然,另一方面也有实际考虑。那时候,中国已经改革开放10年,经济飞速发展,日本国内也有'21世纪是中国的时代'的说法。那时的我跟现在的年轻人一样,也想有个好的前程。所以选择学汉语有这两方面的考虑。"

奥村佳代子大学时代并非以汉语作为主修专业,她当时的专业是日本文学,即使到中国留过一年学,汉语也始终是作为一门第二外语在学习,跟汉语的情缘是慢慢结下的。念研究生的时候,老师推荐她研究江户时代日本人的汉语(唐话),有了老师的引导,奥村佳代子慢慢在这一领域内做出了一番成绩,并写出了一篇成功的博士论文——《关于江户时代唐话的基础研究》。

仰之弥高，钻之弥坚，从入门到深入，学术研究的艰辛不言而喻，"现在您已经成为这方面的专家，再回忆当初进入这一研究领域的青葱岁月是不是有种苦尽甘来的感觉？"

"以前研究这方面的人很少，所以我能参考的先行论文不多，刚开始的时候，我也不知道应该怎么研究唐话，碰了许多壁，遇到很多困难。现在虽然已经研究了很多年，但也还有许多有待研究的问题，更不敢说是什么专家。"奥村老师谦虚地回答，显出一个学者对学问的真诚与尊重。

"您当时在中国留学用的课本是商务印书馆的《实用汉语课本》，这么多年过去，您也成了汉语老师，能谈谈您现在用的教材吗？"不仅学术研究与汉语相关，奥村老师的教学工作更与此相关。

"我现在在关西大学主要教授现代汉语，工作跟汉语密切相关，但又不完全是汉语。日本学生学习汉语的时候一般用日本人编的汉语课本，我自己也编了两种汉语教材。对初级的日本学生来说,日本人编的课本还是很有用处的,日本人更清楚母语为日语的人学汉语时应该注意的地方。"

说起教学工作,奥村老师又谈了谈研究与教学工作的结合,"江户时代的人学习汉语的时候,重视三个字组合的短语或句子,特别重视反复练习。我也觉得学外语的主要方法就是模仿练习和反复练习,所以现在在授课的时候也注意多给学生们提供这样强化训练的机会。"

"能总结一下您的汉语学习经历,并给外语学习者一点鼓励吗?"我问。

"那就用《诗经》上的一句话吧,'嗟尔君子,无恒安息。靖共尔位,好是正直。神之听之,介尔景福'。"

不要贪图安逸,认真对待自己该做的事情,神明知道了,就会赐予福气,奥村老师的赠言可谓余味深远。语言学习也好,学术研究、教学活动也好,奥村老师无不勤勤恳恳,她所一直夸赞的中国人也是如此,中国日渐强大的背后是每一个中国人的努力。

留学北京

大学时代选定汉语作为自己的第二外语之后，奥村佳代子很快就开始了基础的学习。"去中国留学前一年，我每周三下午去一对年轻的中国夫妇家学习汉语，他们两个是京都大学的留学生，教课很有耐心。经过一段时间的相处，我的汉语有了很大提高，也跟他们成了要好朋友。除这对留学生夫妇之外，在留学方面给我帮助的还有一位有远见的老师。她是我母亲的好友，我从小就认识她，我母亲建议我向她了解留学的相关事宜。这位老师当时是一所高中的副校长，那所高中很重视国际交流。有一天我跟她谈起了自己正在学习汉语，她建议我去中国一年，于是申请到中国留学的想法也在我的脑海中渐渐成形。"有了一定的汉语基础，又有了良师益友，年轻的奥村佳代子很快坚定了自己的想法——留学，到中国留学。

19岁的奥村佳代子在1989年3月到达了北京，第一次踏上这片脑海中想象过无数次但现实中仍是陌生的土地，奥村佳代子心中既带着一丝忐忑，也有着好奇和希望。初春

人间有味是清欢
——专访关西大学奥村佳代子教授

的北京还不见一丝春意,人们也还都穿着冬衣,但春天确乎已经近在眼前了。

对奥村佳代子来说,中国虽是一衣带水的异国他乡,但80年代末的中国也有着淡淡的故乡味儿。彼时,日本动画片如《聪明的一休》《铁壁阿童木》,演员如山口百惠、高仓健等都在中国风靡一时,经济条件不错的中国家庭也都有一两件日本电子产品。

"您初到北京的时候,有什么趣事吗?"听完我的问题,奥村老师脸上浮现出笑容。"趣事好像没有。80年代末的北京很漂亮,北京人也很友好,但中国对我来说是崭新的环境,我初来乍到,就像林黛玉进贾府一般,'步步留心,时时在意,不肯轻易多说一句话,多行一步路',就是这样。"奥村老师虽然不研究中国古典文学,却对《红楼梦》中的句子信手拈来。"除了不熟悉环境,在与人沟通方面也有问题。刚开始的时候,我的口语不太好,中国人也听不太懂我说的汉语,我也就不敢开口,于是进入一个恶性循环。开始的两个月可以说是这次留学的一个黑暗时期。这对当时的我来说是一个考验。后来我因故离开中国，回日本待了两个月，又一次回中国继续学习的时候，汉语学习情况才有了改善。再回北京，我的学习态度完全变了，有了学习积极性，也有了珍惜时间的观念，学习更努力了。我更多地试着用汉语与中国人交流，汉语也慢慢好起来。语言确实是一把钥匙，让我打开了研究中国的大门；直到现在，我也常提醒自己对汉语心存敬畏之心。"

说完了北京留学初期面临的最大问题——语言难关，我又请奥村老师谈谈对中国人的第一印象。

"朴素又热情，"她不假思索地回答，"我在中国的留学生活虽然只有短短的一年，却受到了很多中国人的帮助和照顾。先说教我汉语的老师，当时我们班只有三个学生，却有两位女老师，我们叫她们'徐老师'和'张老师'。那时用的教材是 Practical Chinese Reader（《实用汉语课本》），老师用汉语授课，也很有耐心。我们的学习环境是很好的，班里学生人数不多，每个人得到的口语听力练习就相应增加，这对初习汉语的学习者来说是很有益的。"

人间有味是清欢
——专访关西大学奥村佳代子教授

除了老师,给奥村帮助最大的还有她的中国"伯父""伯母"。在北京留学的那年,她住在在日本教她汉语的年轻夫妇的父母家。他们是参加过革命的老干部,奥村叫他们"伯父""伯母"。伯父是满族人,性格开朗又直率;伯母是汉族人,心思细腻,对人也很温柔。虽然在日本的时候,奥村觉得自己的汉语成绩不错,但学习成绩和会话能力不一定成正比。刚到中国时,她没有信心,不敢开口说汉语,口语一直没有进步。伯父和伯母看她不好意思又内疚的样子,不知道应该怎么办。他们非常善解人意,为了不给紧张拘束的奥村造成困扰,就不主动跟她谈话。所以刚开始的时候,他们虽然住在一个屋檐下,却不用口语交流,采用笔谈的方法来沟通。

后来奥村老师觉得这样度过自己的留学生活,其实是很大的损失,就像是中国人说的——不能入宝山而空回。所以有一天她鼓足了勇气,开口告诉伯父伯母"我要说汉语"。听到她这么说,他们很惊喜,脸上都带着如释重负的笑容,彼此连连说道"她是想说话的!"那一瞬间,奥村发现他们之间的"紧张"气氛完全消失了。伯父伯母对奥村的关怀简直无微不至，像对自己的孩子一样对待她关心她，奥村对他们的感情也一天比一天加深。"我们的关系越来越好。与伯父伯母共同生活的时光，是我一生珍藏的温暖回忆。"人在异国，难免有些想家，难免有些孤单，但奥村却在中国感受到了浓浓的人情味儿。

环境渐渐适应，汉语口语渐渐进步，奥村的留学生活很快也丰富了起来，在异国留学的她也借此机会在中国进行了几次旅行，"除了北京以外，当时我还去过西安、洛阳、开封、成都、重庆、武汉、徐州、天津和哈尔滨等地方，西安、洛阳、开封、郑州是跟我的中国朋友一起去的。那个年代不像现在，外国人在中国生活不是很方便，外国人在中国消费要用外汇券，很多地方也有中国人和外国人的区别对待。比如，中国人能住的招待所一般都比较便宜，条件也还可以，但外国人不能住，允许外国人住的旅馆一般比较贵。我的中国朋友为了和我一起住招待所，就让我装作中国人一起住一个招待所。这些旅行的细节和乐趣虽然现在已经记不太清楚，但几次远行确实是我留学生活的重要亮色。"

人间有味是清欢
——专访关西大学奥村佳代子教授

说起印象最深刻的一次旅行,奥村老师又说到了她在中国感受到的人情味儿,"我去徐州,主要是为了拜访伯母的哥哥。我留学那年的5月份,伯母的哥哥来北京玩儿,住在伯父和伯母家。他是一个很有教养的文化人,那时我的汉语口语不太好,但他很耐心地听我讲话,又主动跟我聊天,这给了我很大的鼓励,所以我回日本之前去徐州拜访了他。当时住在他家,跟他家人交流。他的家人也很友好,跟我交流,还带我出去玩儿。"

"那您确实是很幸运啊,当时遇到了这么多亲人般的老师和长辈。"我虽然没有留过学,却也听朋友说起过人在异国的辛酸苦楚。奥村老师点点头,"是啊,留学期间遇到这些人,我也觉得很幸运。"

"您在北京留学一年,最喜欢北京的哪个地方呢?"是故宫、长城、颐和园这样驰名中外的景点?还是胡同、四合院这样的北京特色?抑或是她度过留学生涯的中国人民大学?提出这个问题的时候,我的心中早已有了几个预想的答案。

但奥村老师思考之后,给了一个我意料之外的答案——

"东单的夜市"。

所谓"东单的夜市"指的正是位于王府井的东华门夜市，这一始于1984年，存在了30余年的夜市已于2016年6月被彻底关闭。到本次采访的时候，恰好闭市一年了。得知这个消息，奥村老师脸上浮现出惋惜的表情，"之后一直没有机会再去，挺遗憾的"。

"我那时候对'吃'很有兴趣。在北京留学的时候，上午上课，下午没课，我天天上完课就骑车或坐车出去玩儿，回来的路上顺便逛夜市。夜市下午5点左右开市，拉面、爆肚、炸酱面、糖葫芦、羊肉串、褡裢火烧……那时候的风味小吃，好吃又便宜，逛一圈总是忍不住要吃东西，我就把这些小吃当零食吃。经常在夜市吃完小吃，回家以后跟伯父和伯母再吃一顿晚饭。所以刚到北京那阵子，我很快就长胖了。"眼前这位文雅的女士说起夜市上的美食，简直如数家珍。

"那您最喜欢哪种食物呢？"我追问。

"面食，尤其喜欢吃韭菜馅儿的水饺和馅饼。一般日本人不爱吃香菜，但是我现在很爱吃香菜，我第一次意识

人间有味是清欢
——专访关西大学奥村佳代子教授

到香菜的美味也是在夜市上吃拉面的时候。"

看来在北京留学时尝过的美食给奥村老师留下了不可磨灭的印象。

"那您能谈谈现在的北京给您的感觉吗？"谈完了过去，该谈谈现在，我想跟中国有着深厚感情的奥村老师肯定有不少话说。

"现在人工的东西和地方太多了。不过，虽然我比较喜欢80年代的北京，但是现在北京人的生活确实方便多了。我多次来北京参加学术活动，深刻感受到了这点。交通方面，各种交通方式俱全，住宿比起我留学的年代舒适了许多，饮食方面就更是如此，在北京很容易就能吃到世界各地的美食。这些变化当中，让我惊异的一点是很多中国人似乎很容易地就适应了北京的变化，很快就如鱼得水。我一直认为中国人有一种韧性，而且就我认识的中国人来说，这么多年过去，多数中国人依然对人友好，善良热情。"

从已经消失的东单夜市，到依然喜欢的香菜，奥村老师也从一个留学中国的学生变成了今日颇有建树的中国语言研究学者；从记忆中朴素又热情的80年代北京人，到奥村老师口中能很快适应变化的有韧性的北京人，时间已经过了近30年，变的是时间，不变的是北京那浓浓的人情味儿。静水流深，对多数人来说，人生中最值得珍惜的也正是奥村老师所描述的那种人与人之间的温情和那种清淡长久的欢乐吧。

"呆萌"拉丁语外教
——专访北京外国语大学意大利专家麦克雷教授

李先慧　北京外国语大学国际中国文化研究院

麦克雷（Michele Ferrero），意大利汉学家，北京外国语大学国际中国文化研究院外籍专家、拉丁语言文化中心（Latinitas Sinica）主任。1994年毕业于意大利都灵大学拉丁语和希腊语专业，2003年获中国台湾辅仁大学神学博士学位。曾在台湾、上海、耶路撒冷等地从事教学与研究工作。研究领域包括来华传教士

（照片由麦克雷教授提供）

研究、汉学史、中西比较文化等。主要著作包括《汉学中的精神》（Spiritual Sinology）、《利玛窦〈天主实义〉中的德性教化》（The Cultivation of Virtue in Matteo Ricci's The True Meaning of the Lord of Heaven）、《拉丁语基础教程》等。

出身教育世家

麦克雷·费列罗教授于1967年出生在意大利西北部的小城库内奥（Cuneo）。这是一个有着近千年历史的小城，依偎在阿尔卑斯山脚下，距离都灵（Turin）有80公里。麦老师的父亲就是都灵本地人，母亲来自美丽的中世纪古镇阿西西（Assisi）。两年前他们刚举办了50周年金婚纪念活动。父亲退休之前在当地教育局工作，任职期间一直竭力保护地方偏远的小学校，使它们免遭政府取缔。母亲曾是一所中学的意大利语教师，教授意大利语、历史、地理等学科。退休之后，两位老人也一直关注着教育领域，及时了解教育制度、学校情况的变更。实际上，麦老师的祖父和外祖父生前分别是本地教师与大学教授。他的弟弟与弟

"呆萌"拉丁语外教
——专访北京外国语大学意大利专家麦克雷教授

媳在意大利从事的也是教育工作。因此，教育情结在这个家族中血脉相承。

麦老师的祖父在当地做老师时，曾经历过一次"惊心动魄"的逃亡之旅。1945年2月，距离第二次世界大战在意大利境内结束还有2个多月。意大利北部反对法西斯的声音也越来越高涨，与支持者形成两相对峙的局面。正是在这剑拔弩张的时刻，村里有青年因反对法西斯惨遭暗杀。麦老师的祖父、当时的费列罗老师为此感到极为悲痛，在被杀青年的葬礼上，他带领自己的学生为其大唱赞美诗，歌颂他的勇敢和正义。告密者将此事报告给了政府，费列罗老师被当作法西斯的反对者遭到通缉。幸运的是，派去捉拿他的人中有几个是他曾教过的学生，感念师恩深厚，这些学生悄悄告诉费列罗老师："他们准备杀掉你，唯一的办法就是赶快逃跑。"可是在暴戾严苛的军官眼皮底下，逃走并不是一件容易的事。他们等待着机会。再森严的守卫也有松懈的时候，况且，军官也许压根儿不觉得一个手无缚鸡之力的乡村教师有什么逃跑的能力。然而，就在他上厕所的时候，这些学生麻利地帮费列罗老师松了绑，指着起伏的山路告诉他"快跑！快跑！"山路起伏，易于隐藏，也更容易逃脱子弹的射击，费列罗老师又有幸得到一辆自行车，从而成功逃脱了敌人的追击。这辆自行车也成为在逃亡路上陪伴他2个月的唯一伴侣。战争结束后，费列罗老师才得以与家人团圆。

麦老师告诉我，他们一家人都对教育怀有特殊的感情，我想，祖父这一场惊心动魄又化险为夷的逃亡，应该为这份感情增加了沉甸甸的砝码。

学生心中的人气王

延续着知识分子的家族传统，麦老师从小接受的教育也是非常传统和典型的。他在古典学校完成了中学教育，学习拉丁语、希腊语、历史和哲学，在意大利这也就意味着他必须接着上大学，接受进一步的高等教育，而不像高中修读"电子技术"或"修车技术"的同学一样，毕业后直接就业。麦老师选择了都灵大学古典文学系，这只是漫漫求学路的开端。接下来他又赴罗马慈幼会大学学

"呆萌"拉丁语外教
——专访北京外国语大学意大利专家麦克雷教授

习哲学,并在爱尔兰梅努斯圣帕特里克大学学习神学。在2000—2004年间,他又来到中国台湾辅仁大学攻读伦理神学博士学位。去辅仁大学之前,还曾在台北学习了3年的汉语。

如今,麦老师已经能用一口流利的汉语给同学们上课了。提及当年初学中文的情景,他却有颇多遗憾。作为一个远渡重洋的异国青年,刚到台北时一切都是陌生的,迥然不同的文化环境、黄皮肤的人抑扬顿挫脱口而出的话语都让他感觉到学习汉语的迫切性。抓耳挠腮之际,有人向他推荐了一所教习汉语的私立学校,这里的一对一教学可以让外国人尽快提高汉语水平。没有过多考虑,麦老师便来到了这所学校。独特的教学方法、对口语和会话技能的重视,确实让他的汉语有了飞速进步。然而,学习一段时间后麦老师发现,由于这所学校的教学对象大多是来台经商的外国人,只需要达到日常对话的水平就可以了,所以学校并不重视训练学生的汉字书写能力,这导致学习者的书写基础较为薄弱。时至今日,麦老师也只能歪歪扭扭地写下几个简单的汉字,这成了他最大的遗憾。曾有人问麦老师叫什么名字，他便一笔一画地把"麦克雷"三个字写给他看。可是写"雷"字的时候误在下面加了一个小尾巴，成了"電"。那人一愣："哦，你叫麦克電。"麦老师慌忙摆手摇头："不不，我叫麦克雷，不叫麦克電。"直到今天，这件事还常常被麦老师用来调侃自己的汉字书写。

　　博士毕业之后，麦老师到了耶路撒冷慈幼会修院教授神学和古希腊语。在耶路撒冷期间，他依然每天坚持练习汉语的听说，虽然当时他并不知道自己什么时候会再回到中国。也许是冥冥之中的缘分，在耶路撒冷期间，昔日的同窗好友、罗马慈幼会大学Mauro Mantovani教授写信给他，问他可否在暑假期间为罗马的中国学生介绍西方文化。恰好从这个时候起，北京外国语大学海外汉学研究中心开始向罗马派送留学生学习拉丁语。此后，每年夏天，麦老师都会从耶路撒冷回到意大利的佩鲁贾，和这些中国学生生活在一起。2009年，北京外国语大学海外汉学研究中心的张西平主任希望从慈幼会大学聘任一位拉丁语教师，来北京外国语大学开设拉丁语课程。Mauro教授再次

"呆萌"拉丁语外教
——专访北京外国语大学意大利专家麦克雷教授

找到了麦老师，问他是否愿意离开耶路撒冷到中国去。这次，麦老师没有立刻答应。对他来说，这是一个艰难的决定。一边是耶路撒冷相处了5年的同事朋友，还有身为圣城独一无二的宗教氛围；一边是常常梦回的文明古国，在这里，他度过了近10年的青春岁月，学习中国语言、了解中国文化、从事汉学研究……如果继续留在耶路撒冷，这满当当的10年积累恐怕就要从此抛弃……经过深思熟虑，最后他回复Mauro教授，自己愿意到北京去。

"人生总是要做选择的。"麦老师说。

2009年9月份，他成为北京外国语大学的拉丁语教师。我第一次见到麦老师也是在拉丁语课堂上，他穿西装衬衫，打领带，眉目温和。这在中国教师中并不多见，后来我知道，无论冬夏麦老师始终都会身着正装，他说这是对别人的尊重。

拉丁语作为一门古老的语言，复杂的变位变格和句法规范让很多中国学生望而却步。不仅学起来难，教起来也不易。为此，麦老师想了很多办法，专为中国学生量身打造了《拉丁语基础教程》作为拉丁语入门教材。课堂上，

我们在这里，这里是北京
——外国学者视阈中的北京文化形象访谈文集

他精心设计了许许多多有趣的图片来解读拉丁语格言，准备了不少与拉丁语有关的电影片段来提神醒脑，时不时也会教大家唱拉丁歌曲，再加上言语动作间自然流露的"麦氏幽默"，他的课堂总是充满了欢声笑语。记得去年的拉丁语课程都被排在了下午2点钟，正在犯困打盹儿的时候，我每次都是从午睡中挣扎着来到教室，看着周围同学一个个也是无精打采。可是经典的麦氏笑容一出现在教室，大家立刻睡意全无。有师姐曾经对我说："你只要看着麦老师站在讲台上，就根本不会犯困的。"

麦老师的"麦氏幽默"常常是无意中流露出来的。有次课间休息，他与同学聊天："我下课之后需要去趟移动营业厅，我的手机出了点问题。"一边说着，麦老师拿出了手机，"可是它不告诉我它在哪里。"同学好奇地探头看过去，只见手机屏幕上显示的是10086话费提醒短信，下面一行则是麦老师未成功发出的"去哪儿？"多么认真而可爱的麦老师，大家哄然大笑。课间休息或上课之前，麦老师总是会和教室里的同学们聊聊天、唠唠嗑儿，同学们喜欢他，他也喜欢大家。每一届学生他都要留

"呆萌"拉丁语外教
——专访北京外国语大学意大利专家麦克雷教授

张合影；每一学期拉丁语课结束时，他都要送给每位同学一句"拉丁箴言"；中国学生已然成为他生命中极重要的部分。

作为国内仅有的少数几位外籍拉丁语教师，麦老师一直致力于推动拉丁语在中国的学习与传播。北京外国语大学成立了拉丁语言文化中心。在北京外国语大学，除了定期的拉丁语课之外，麦老师每学期还会组织西方文化系列讲座，带领学生参观来华传教士利玛窦墓地，举办拉丁歌曲比赛等丰富多彩的活动。此外，为了给更多中国人提供学习拉丁语的机会，他自费发起并组织了"拉丁语暑期班"，为全国有志于学习拉丁语的人免费开设暑期课程，每年吸引了来自全国各地的200多名学者、老师与学生前来上课。北京"拉丁语暑期班"结束之后，他还会带着同学们参加罗马的拉丁语暑期夏令营，在他曾经学习生活过的罗马慈幼会大学学习拉丁语，体验古罗马的艺术与文化。通过麦老师持之以恒的努力，越来越多的人开始了解拉丁语，开始学习拉丁语，甚至很多人慕名而来。其中还闹过不少笑话。有一次，麦老师接到一个电话：

"您好，请问是麦克雷老师吗？"麦老师回答说："是的。""听说您可以教拉丁舞，我能向您学习吗？"然而麦老师一开始并没听清，以为对方在问"拉丁语"，就答应了下来。几句话聊下来，麦老师终于弄明白了对方是要学习"拉丁舞"，于是赶紧告诉他："对不起，我是教拉丁语的，不会跳拉丁舞，可是我会唱拉丁歌！"窘得对方连连道歉。

麦老师是学生中的人气王，更是一个能让所有接触到他的人喜欢和敬仰的人；而麦老师的"人气"源于他博爱、亲和、真诚、自律的个人魅力。"他就像一个太阳，让每一个靠近他的人都能感受到温暖与光。"一个学生很认真地这样对我讲。

最像中国人的"中国通"

时至今日，麦老师已经在北京待了7年多，他还牢牢地记着第一次来北京的日子：2009年8月23日。第一次来，是为了与北京外国语大学签订聘任合同，在北京匆匆待了三

"呆萌"拉丁语外教
——专访北京外国语大学意大利专家麦克雷教授

天。抵京的第一天晚上,他就去了天安门广场和故宫。彼时的北京刚刚举办完2008年的奥运会,整个城市依旧沉浸在喜悦和生机中。"奥运会给北京带来了很特别的感觉,这种感觉非常非常棒!北京很漂亮!"说这些话时,麦老师的眼睛望着远方,仿佛又回到了7年前初来北京的那一日,不停地重复着nice与beautiful,而这两个最质朴的夸赞比任何繁丽的词汇都能传达他对北京的真挚情感。

随着在北京生活时间的增长,他越来越感到这是一个包容的大都市。作为中国的首都,北京汇聚了全国乃至全世界的精英人士。麦老师常常问及同学们的家乡,回答总是五花八门:河南、河北、山西、山东、四川、辽宁……往北有宁夏、内蒙古,往南有福建、广东,这种五湖四海集聚一堂的感觉给麦老师很强烈的冲击力,"It's big, it's big, it's big."麦老师无意中连说了三遍。在来北京之前,他在中国台湾、上海等地方都待过一段时间,上海多以本地人或南方人为主;在台北,一个来自高雄的人都会说"我从很远的地方来"。所以他敏锐地感觉到北京独特的包容性,有容乃大,"整个中国都在北京"。

我们在这里，这里是北京
——外国学者视阈中的北京文化形象访谈文集

因为北京之大，北京地铁给麦老师留下了很深的印象。笔者曾在罗马坐地铁，第一次时在站台等了15分钟。好不容易听到轰隆隆的进站声，抬眼望去却看到一个画满了彩色涂鸦的铁皮盒子，车厢的本来面貌早就荡然无存了……那是夏天，车上没有空调，两边的车窗都大开着，在车速的带动下呼呼地进着风。看到这样的地铁，我完全被罗马人的率性与可爱折服了。身为意大利人，麦老师却不断赞叹北京地铁的高速与整洁。"每次坐地铁我都在想，这真的不得了，因为每天大概有一百万人坐地铁，但它干净、高速而且准时。这并不容易。现在已经有大概17条线路，这绝对是惊人的！"麦老师出行基本上都依靠地铁和公交。作为一个外国人，着实发生过几桩趣事儿。曾有一次坐地铁，麦老师找了个有扶手的地方随意站着。在他面前恰好坐着一对父子，父亲便对儿子说："我们把位置让给爷爷好不好？"儿子起身乖巧地去拉麦老师，麦老师这才意识到父亲口中的"爷爷"指的原来是他，因为他一头银灰头发，急得他边推辞边说："谢谢你，不过我不是爷爷，不是爷爷。"双方都乐了。

"呆萌"拉丁语外教
——专访北京外国语大学意大利专家麦克雷教授

在中国生活了这么久,麦老师对中国人的习惯已经了如指掌。他还专门编了个小册子,给初到中国的外国人作为"生活指南",里面记载了各种各样他在中国生活的体验和经验。比如里面写道,在中国"吃"是一件很重要的事。人们会用"你吃过饭了吗?"打招呼;请客吃饭时,5个人要至少点5个菜,两个人则最少3个菜1个汤;和领导一起吃饭时,一定要等他先动筷子;不要把所有的饭都吃完,不然主人会以为你没有吃饱;吃饭时要用筷子,不要用手抓……林林总总,事无巨细。看完你便觉得,麦老师早已成了"中国通"了。

后　记

在读中学和大学时,麦老师并没有接触过任何与中国和中国文化有关的东西,直到去爱尔兰学习,才开始从国际视野的层面考虑问题。即便如此,当时麦老师也从未产生过"要来中国"的念头。"我只是感觉我要来中国,这并不是一个明确的想法,最初也只是想试试看,看自己是否喜欢。"因着这样朦胧的起意,一切便自然而然水到渠成地发展了下来,成就了他与中国十多年的相遇相知与相守;而这份冥冥之中注定的缘分,还会继续延续下去。

跨越历史的对话
——专访北京外国语大学叙利亚专家菲拉斯和瓦法

罗咏诗　张　工　北京外国语大学阿拉伯学院

菲拉斯·萨瓦赫，出生于叙利亚霍姆斯省。1965年毕业于叙利亚大马士革大学商学院。曾先后于叙利亚发展

（照片由罗咏诗、张工提供）

管理中心、阿联酋国家水泥制品公司、阿布扎比石油公司任职。1976年出版首部专著《理性的初次探险》，在叙利亚乃至整个阿拉伯文化界引起轰动。1986年起潜心于写作和学术研究，为叙利亚作协成员、阿拉伯作家与文学家总会成员。2012年9月起在北京外国语大学阿拉伯学院担任外籍专家。至今已出版《人类的宗教》《道德经：中国智慧的福音》《宗教史辞典》（五册）等20余部学术专著。

瓦法·塔姑兹，1955年出生于叙利亚霍姆斯省。1979年毕业于叙利亚大马士革大学英语学院。曾在科威特民航公司就职，后于埃及从事教育工作。2007年其译著 *Scattered Like Seeds* 阿文译本出版。

结缘与赴约

"在来中国的飞机上，我其实是非常担忧的。"

瓦法对着我们说这句话的时候，晨光正透过教室的玻璃落在她的银发上。她的脸上带着一种回溯过去时思索的

跨越历史的对话
——专访北京外国语大学叙利亚专家菲拉斯和瓦法

神情,而坐在她身边的菲拉斯则一脸沉稳,睿智的双眼下似乎有无数思绪在起伏。

这是一个周末的早晨,来自叙利亚的菲拉斯和瓦法夫妇坐在北京外国语大学阿拉伯学院的一个明亮的教室里,正与我们展开一次不同文明之间的对话——古老的中华文明和阿拉伯文明之间的对话。

"我的担忧来自于我对中国缺乏了解,人总是害怕未知的事物。打个比方说,如果你们没有学过阿拉伯语也不了解阿拉伯世界,却突然被告知要去叙利亚工作,难道你们不害怕吗?"瓦法的脸上露出了一个顽皮的微笑,又看了眼身边的菲拉斯,继续道:"好在他之前就对中国有所了解,所以应该没有什么问题。"诚然,菲拉斯自2012年起就在北外阿拉伯学院担任外教,而瓦法之后才追随而来。

对于瓦法的回答,菲拉斯脸上露出了一个赞同的神情,继而缓缓道:"阿拉伯人大多不了解中国,那是因为中阿文明之间联系不多。阿拉伯文明似乎不够重视中国,因为它太遥远了。这种远不仅是指地理上的距离,更指文明上的距离。阿拉伯文明与欧洲文明更接近，它们就像双胞胎，一个文明中有另一个文明的特点，而中国文明则遥远而封闭，跟阿拉伯文明和欧洲文明都联系甚少。尽管历史上有一条丝绸之路连接彼此，伊斯兰文明也正是通过它带往中国；但这条商路承载更多的是商业文明，并没有形成范围更广的联系和沟通。"因此，当这对夫妇的亲友得知他们要去中国工作的时候，他们都感到异常的惊讶。"我们在日常生活中基本不会谈到中国，这个国家对叙利亚人来说太遥远了。"

尽管如此，菲拉斯却对中国文化有着浓厚的兴趣和深入的研究。菲拉斯于宗教思想研究方面造诣颇深，他与中国最初就结缘于佛教。"我很早通过日本的俳句认识到了佛教的艺术美和日本禅学，之后我读了很多关于禅宗的书，了解到日本禅学本质上是来源于中国，与中国的道教有着千丝万缕的联系。"在此基础上，他进而研究了中国的道教文化，并将《道德经》翻译为阿拉伯语出版。虽然彼时这位学者已出版诸多专著，这本《道德经》译本或许只能算一顶学术皇冠上的小珍珠，但正是这本书将他的人

跨越历史的对话
——专访北京外国语大学叙利亚专家菲拉斯和瓦法

生轨迹导向了中国——一个他不曾想过的方向。一个偶然的机会，北京外国语大学阿拉伯学院的薛庆国教授在叙利亚的书店里发现了这本书，翻阅后颇为赞赏，遂与菲拉斯取得了联系。后来薛老师邀请他来北京参加"中阿文明对话研讨会"，会上菲拉斯论述了道教思想与中东宗教思想的联系与区别。那是在2009年，菲拉斯第一次来到了中华文明的中心，并从此与这里结下了不解之缘。

"2012年，薛老师又一次联系到我，说在北京外国语大学有一个外教职位空缺。"菲拉斯的脸上漾起一抹愉悦，"他说想邀请我来，于是我便来了。"

满足与遗憾

回想起第一眼看到北京时的情形，一向严肃的菲拉斯也不禁笑了起来，"看一眼是不够的，需要多看几眼。北京是一座在理性的基础上建造而成的都市，这里的每一样东西都符合逻辑，都处在合适的位置"。而相较于菲拉斯的淡定，瓦法则显得更为激动，"在从机场去往住处的路上，我坐在出租车上，看到车窗外掠过的栋栋楼宇，心里不禁惊叹：这就是北京？！我知道北京已经取得了很大的发展和变化，但我真没想到北京会美到这种地步！"瓦法满脸赞赏，"北京是一座非常干净整洁的城市：街道宽敞却没有任何垃圾，市场像家里一样洁净。公路的中间和两旁遍植绿茵和鲜花，城市的各个角落里都有精致的公园和绿地。就算是校园里也一样，比如我们学校，凡举目必见草木，凡落脚皆不染尘。这体现了一个民族对美的珍视。"

瓦法还提到，当她第一次从北京回到叙利亚时，亲友们都追问她在中国所见最新奇的事物是什么，她想了想，只能无奈回答道："一切。""在北京，无论大小事物都充满了新奇！我去过伦敦、维也纳、罗马还有斯德哥尔摩和苏黎世，但它们都不能和北京相提并论，北京有自己独特的美。"瓦法真挚地说道。

如今，两位老师在北京的生活安逸舒适。他们每天在学校附近的菜市场里买新鲜的蔬果，在家里烹制美味的叙利亚菜肴。他们也曾尝试过中国菜，但觉得"太辣了"。瓦法的最爱是饺子，说起"这个可爱的小东西"时，瓦法

跨越历史的对话
——专访北京外国语大学叙利亚专家菲拉斯和瓦法

不禁提高了音量,加快了语速,"每当我看到饺子,就会想它是怎么制作的,它的皮怎么可以这么柔软!如果你们会做饺子一定要教教我。每次我回叙利亚,亲戚都让我做中国菜给他们吃,我得有一门拿手菜。"周末得空,他们便从校门口搭一班去往三里屯的公车,在某个咖啡馆里消遣些许时光。逢着寒暑节假,还能跑得更远,国境之南的海南岛也曾留下他们的足迹。在他们心里,北京是一个能让人放松、安安静静过日子的地方,这里足够舒适,足够熨帖,倏忽不觉间,时光已经流转到了他们来华之后的第五个年头。

这种舒适不仅来源于生活上的安乐无忧,更重要的是,北京还给他们以精神上的慰藉。除了北京外国语大学师生给他们以关照外,北京和他们的故乡还有一些相似之处,让他们如归故里。"在北京你是自由的,适度的自由,这跟叙利亚很像。还有一点让我颇为赞赏的就是,这里的人们很重视孝道,在叙利亚我们也一样,非常尊重和顺从父母。"

作为客居他乡的异国客,两位老师在生活上还是会遇到诸多困难。对于他们而言,最大的困难还是语言上的障碍。因为无法确定还会在北京逗留多久,而中文的学习又实在耗时颇巨,所以他们对于中文几乎毫无了解。"如果我要去医院或者银行,我必须要带上我的学生做翻译。"菲拉斯在说这句话时,眼里带着些许无奈和遗憾。

来北京之后,瓦法开始更多地去了解中国文化。由于语言障碍,她只能通过英语和阿拉伯语来了解这个国度,这使得她非常被动。事实上她非常喜欢中国文化,经常翻阅China Daily,还把她先生所译的《道德经》来回看了三遍,从此变得非常推崇道家思想。用她的话来说就是:"老子是一位伟人!他创造了简单舒适的哲学,让我们在生活中感受到更多美好。"同时她也觉得,应该有更多的中国作品翻译成外文,让阿拉伯国家、让全世界更多地了解这个国家和它的文化。

除了文学作品,另一个了解中国文明的途径就是历史古迹,然而这却成为他们在北京的另一个遗憾。本期望看到的是一个有着千年历史的古都,但北京拆掉了太多老建筑,历史的气息在这座现代化的都市里已经变得十分稀薄。

跨越历史的对话
——专访北京外国语大学叙利亚专家菲拉斯和瓦法

"在我们外国人眼中,这些旧建筑是应该保留下来的,它们与这座城市的关系,就如埃菲尔之于巴黎,白金汉之于伦敦,金字塔之于开罗。古建筑与城市的历史和文化息息相关,是我们深入了解北京的历史与文化的重要途径。"瓦法面带遗憾道,"我曾经去过西安,相比而言,那里的中国元素保留得更多一些。在我看来,那里更像是真正意义上的中国。"

对此菲拉斯也深有同感:"拆掉古老的建筑对于一座大都市来说是不太合理的,这些建筑是一座城市灵魂的体现。比如紫禁城,我曾经参观过那里,极其古老极其优美。然而在北京,这种古老的事物已经不多了。"

"其实这也可以视作一种西方文明的冲击。"菲拉斯一针见血地说,"总的来说,这与人们的心理有关。通常,弱者总是模仿强者,因为他们想变强。中国在之前很长一段时期内受过太多压迫,人们希望通过学习和效仿西方文明以实现国家的崛起,这合乎情理,但这种行为稍有不慎就会过度。所幸中国已经逐渐意识到了过度模仿西方的危害,正致力于复兴传统文化、建设其独具特色的文明,这十分难得。"他顿了一顿,语气转而沉重起来,"阿拉伯文明遭受的西方文明冲击更为严重。如今,阿拉伯属性正在逐渐淡化。阿拉伯语也在倒退,阿拉伯世界的创造思维极度缺失。我们不再有创造性的文学巨匠,不再有创造性的戏剧和电影,一切都变得无聊又肤浅。"瓦法在一旁点头附和,话语间透露出些许愤慨和无奈,"叙利亚曾经是阿拉伯世界的文化中心,如今的出版商却只挑一些'畅销作品'来翻译出版,而且译文质量极为低劣,可以说根本就不是阿拉伯语!文学创作已经成了纯粹的商业行为!"瓦法本身也投身文学翻译,她自称为"初级译者",每译一本书都要花去她三年左右的时间,需要进行反复的检阅和校对。"翻译本该是这样子的,我们在翻译中进行创作。如果我留在叙利亚,或许会变得和那些'译者'一样,谁知道呢?从这个意义上来说,是中国拯救了我。"

过去与未来

诚然,历史给北京留下的痕迹已渐趋罕见难觅,但作

跨越历史的对话
——专访北京外国语大学叙利亚专家菲拉斯和瓦法

为历朝古都,北京仍然是中国悠久历史的沉淀之所在,仍然扮演着中国的政治中心和文化中心的角色。菲拉斯因为博览群书,通晓古今,对于中国的历史和文化自然是不陌生的,然而对于大多数阿拉伯人而言,中国是文明古国,是朋友,但也仅限于此。北京、中国仍然是他们心中遥远而神秘的存在。

正如前文所说,中阿文明之间的距离太遥远了。中国文明没能传播到遥远中东的厚土,所以当问起关于中国的历史,瓦法很坦白地回答:"抱歉,我几乎一无所知。"同样,中国人或许熟谙祖国的上下五千年历史、精通欧美列国的发展变革,却鲜有人知道阿拉伯帝国也曾是一头横跨三洲、雄踞一方的雄狮。对此瓦法给出了一个十分生动的例子:"你们知道我的家乡霍姆斯只有黑色的石头吗?我小时候甚至以为世界上的石头都是黑色的。"我们满脸惊诧地摇头,瓦法则露出一个了然的表情。由此可见,两个古老而伟大的民族之间的交流确实存在一定的缺失。菲拉斯和瓦法都认为,此刻局限在这一方狭小天地里对话是远远不够的,中阿之间需要更广泛的、更全面的交流。沿着古老辉煌的丝绸之路，沿着跨越汪洋的海上丝路，两个曾经盛极一时的文明应该沟通，共同继承灿烂的传统文化遗产，共同探索今日的复兴和崛起。

"中国做出了一个非常理智的决定，'一带一路'的提出非常合乎时宜。丝绸之路上有丰厚的历史文化，应该用适合21世纪的方法来复兴这些古老伟大的文化，中阿双方将通过这条道路相连。中国的外交政策里最好的一点就是不干涉他国内政，我们彼此合作又互不干涉，既能互相学习又能保留各自的特色。所以当中国文化到达阿拉伯时，将会受到热情欢迎。一切都会变好的，我们拭目以待。"瓦法满怀希冀地总结道。

对于历史颇有研究的菲拉斯则认为，过去与未来之间存在着某种联系：未来通常更加美好，而美好的未来总是来源于过去。这与中国"以史为鉴"的思想不谋而合，只有从历史中汲取教训、总结经验，才可能建设一个更美好的未来，才有理由去期盼前路更加光明。

"中国从它的历史中学到的最好的一课就是：战争是百害而无一利的。尽管曾经备受挫折，但正因为汲取了

跨越历史的对话
——专访北京外国语大学叙利亚专家菲拉斯和瓦法

过去的教训中国才重振雄风。而阿拉伯人却没有。我们同以色列展开了三次战争,不但没有胜利,反而丧失了更多的土地。为什么一定要互相敌对?这是一种非常极端的行为!如果想要建设未来,应该要立足现实,回首过去。中国从历史中受益良多,而如今的叙利亚人民却不然,他们没意识到叙利亚还承受不起一场革命,没意识到他们也还不具备革命的能力。尽管如此,尽管所有的专家学者都在呼吁人们冷静,他们还是悍然发动了革命。结果是不仅没有获得所追求的民主和自由,反而向伊斯兰国打开了大门!这就是现在叙利亚所发生的。人应该要学会回顾过去以规划未来。"

两位老师尽管年事已高,平日里却精神十足。在谈起他们的家国故里所受的遭遇时,眼神和语气里都不自觉地染上了愤懑和悲哀。瓦法在课堂上是一位非常开朗优雅的老师,耐心倾听学生们的表述,像朋友一样与学生对话,不吝给予赞赏和肯定,总是讲着讲着就在嘴角挂上笑意。可偶尔也会出现情绪激烈的状况,那通常是在谈及故国的遭遇、谈及同胞们的苦难时无法纾解的悲愤。每个人都能深刻地感受到他们无法掩饰的难过，家国情怀永远是绷在人们心头最紧的那根弦。

　　中国与阿拉伯世界在历史命运上有着许多相似之处。同样都是历史悠久的古老文明，同样在历史上书写过耀眼夺目的功绩，同样受到了西方世界的打击和侵犯，同样曾深陷落后受欺的泥潭。而今，双方又怀着同样的期许和愿景，希望重现民族的崛起和强大。尽管目前的状况不算乐观，但对于未来，两位老师心怀更多的仍是期待："我不知道叙利亚的动乱何时会结束，但它总会有结束的那一天。叙利亚的子民们将重回故土，重新开始建设自己的国家。"他们语气沉重却又充满确信，"中国的未来是美好远大的。中国如今正在不停步地建设自己，汲取了历史的教训，虚心向外学习，仅仅在我们所居住的那个小小的专家楼里就有70多位来自不同国家的教师。我们在这里教授自己的语言，但我们只是何其渺小的一部分。中国请来了各个领域的外国专家向他们求知，很快就会掌握这些知识和技术。10年之后的中国可能不再需要请教和模仿他人了，自己就可以创造出更进步的文化。你们现在学习各个

跨越历史的对话
——专访北京外国语大学叙利亚专家菲拉斯和瓦法

国家的语言和文化,就是为了承担起这份使命。你们是幸运的。"

对此,瓦法甚至舒眉展眼道:"中国会走得越来越好的,我可以加入中国国籍吗?"我们露出了善意的微笑,然而我们内心深处都明白,这只是一句善意的笑言。很久之前两位老师就对我们说过,虽然不确定会在这里停留多久,但他们一定会回到自己的故土,因为叙利亚的未来需要他们。

对于两位老师而言,北京是一个温馨舒适的居所,却终究不是他们的归处。北京足够美丽,足够安宁,全然不同于故乡的连天烽火,可他们又如何能舍弃自己的亲人和同胞呢?尽管如此,他们曾在这座城市驻足,这里有他们的足迹,有他们的学生和朋友,有他们的欢乐和感动。他们停留在这里的日子,注定会成为弥足珍贵、终生难忘的记忆,哪怕将来有一天作别北京,身归来处,这段记忆仍然会在脑海里熠熠生辉。当他们想起这里的人和物时,会充满怀念地闭上双眼,仿若春风拂面,不知年月。

星火之光,得以燎原
——专访北京外国语大学泰国专家葛潘·纳卜芭

宋逸鸥　北京外国语大学国际中国文化研究院

葛潘·纳卜芭教授,现任北京外国语大学亚非学院泰语系的泰语外教专家,是泰国清迈皇家师范大学与北京外国语大学的互访泰语教师。她在北京外国语大学任教20余年,治学严谨,诲人不倦,把青春奉献给了北京外国语

(照片由北京外国语大学田霖老师提供)

大学，奉献给了中、泰两国的交流互鉴。她的学生如今已遍布中泰两国的外交、外贸、教育、传媒等重要行业。葛潘教授获得过2005年中国政府"友谊奖"（在华外国人最高奖项）和2014年由中国外国专家局颁发的全国"我最喜爱的外教"荣誉称号，她在中泰文化交流方面做出了卓越的贡献。

在进行采访前，笔者曾与葛潘老师通过电话。接通后，电话那头传来一句温柔的问候，"萨瓦迪卡"。先闻其声，已知其人，一个慈祥和蔼的泰国老一辈学者的形象已经浮现在脑海。

因为不会说中文，葛潘老师特地找了一个泰语系的同学作为我们的翻译。之前从未有过类似的采访，何况是要与一位泰语顶尖专家面对面，互相还有语言障碍，站在葛潘老师家门外，我的心中惴惴不安。

约定时间到了，我和泰语系的同学一起走进葛潘老师位于专家楼的家。眼前来开门的老人，白发梳得整齐，身穿一件红色毛衣，笑容可掬，精神矍铄，除了说的是泰

星火之光，得以燎原
——专访北京外国语大学泰国专家葛潘·纳卜芭

语，其他一切俨然一位中国邻家亲切和蔼的老奶奶。

寒暄过后，采访由葛潘老师来华的动因开始。20世纪90年代，中泰还没有相互的交流教学，中国的邱苏伦教授作为泰国国王姐姐的翻译，是第一个赴泰教学的老师。邱苏伦对葛潘老师影响很大，并且也教过她中文。另一方面，中国急需泰语教学人才，作为一名教师义不容辞，因此抱着促进两国语言文化交流的想法，她开始了在北京外国语大学任教的生涯。

当时泰国清迈皇家师范大学每学期向北京外国语大学派一名教师进行泰语教学，葛潘老师分别于1992年和1999年两次来北京外国语大学任教。2005年，在她将于清迈皇家大学退休之际，葛潘老师作为荣誉教授正式来到北京外国语大学担任长期泰语外籍专家。

葛潘老师出生于"华裔家庭"，她告诉我，她的爷爷是中国潮州人，早年便定居于泰国。在泰国并不会把像她爷爷这样来泰的中国人称为"华裔"，而叫作"有中国血统的泰国人"。爷爷在她6岁时便去世，在葛潘老师印象中，中国是个遥远的国度，她对它知之甚少。长大后，她就读于泰国著名学府——朱拉隆功大学。在这里，她开始有机会阅读翻译成泰语的中国文学作品，尤其对中国文学与泰国文学的相关性感兴趣。她谈到，泰国与中国有着800多年的交往历史，通过航海与贸易，中国给泰国带去先进技术，泰国将宗教文化传到中国，因此中泰文学也自然联系紧密。

从小时候的模糊概念，到大学时的知识积累，葛潘老师逐渐形成了自己对中国的认识。她认为中国是有着悠久历史文化的文明国度，手工业技术发达，道教和佛教繁荣。来中国工作和任教后，她的感触更深，觉得这里并没有与泰国过多相异的地方。在北京居住、教学，这个城市和平、稳定的氛围，简朴、宽厚的人民，都给她留下了深刻的印象。

20年过去了，北京已经发展成为一个国际化大都市。她见证了北京这座城市的发展。她说北京与曼谷相同，都朝着现代化的方向迈进，但物质主义、名利至上愈发占据人们的生活。城市的发展往往伴随的是人们思想的空虚，这可以从中泰两国大学生的学习状态得见。葛潘老师说，

星火之光,得以燎原
——专访北京外国语大学泰国专家葛潘·纳卜芭

泰国的学生没有中国学生那么拼命,一是因为泰国的大学升学率较高,二是源于佛教的影响。泰国学生通常习惯了知足,不去苦苦追求超出自己能力之外的东西。而在中国,学生们竞争心很强,被无形的压力推动着。正如这个城市的现状,人们行色匆匆,奔波劳碌,但却已经忘了要去哪里,为何而忙。

葛潘老师认真地说着,我听不懂泰语,但通过她平和的面容,我似乎感受到她传达的意思。她见证了北京外国语大学这20年的蓬勃发展,校园里盖起了新的图书馆、教学楼,学生们也有了手机、电脑这些现代的学习工具。受佛教影响,葛潘老师性情随和,热爱自然,常常鼓励学生们减轻学习负担,拥抱生活本来的美好。她现在每年都和大一新生去植物园游玩,并作为导游带学生们去故宫和颐和园。虽然她年逾70,但每次出游都充满活力。想象着葛潘老师健步如飞的样子,我愈发觉得面前这位老人可爱又可敬。

早些年刚来中国的时候,葛潘老师游历了中国不少地方。她对四大石窟、黄山、武夷山这样的名山大川印象十分深刻，也喜爱新疆维吾尔自治区的民族风情。她还谈了自己1992年去西安的经历，那时在西安城墙上还有人跳迪斯科，就像现在的广场舞一样流行。在北京她也去过很多景点，司马台长城是其中一处胜景，蜿蜒的长城独悬于山顶，雄奇壮观。从这些游历之中，她亲身感受到了中国的历史文化，心中怀着近乎痴迷的热爱。

由于采访时间较长，我担心老师会太累，就提议休息一下。老师起身给我们泡了咖啡，她说那是泰国有名的咖啡，我尝了下果然醇厚。冬日下午的阳光透过窗帘缝隙照进室内，捧着冒着热气的杯子，我的手里、心里都好暖。

我请教葛潘老师学习中文的过程，她娓娓道来。1991年，老师跟随邱苏伦教授学习中文，彼时她已经47岁，早已过了学习外语的黄金期，重新掌握一门新的语言十分困难。但葛潘老师毫不气馁，从拼音入手，努力通过拼音认识一些日常用语，慢慢地也小有收获。

教学中她以泰语和英语为主，偶尔使用中文，但她认为教授语言不应该只是目的语言与母语的简单转换，而应从思维上学习记忆。所以她喜欢采用一些肢体语言，

星火之光，得以燎原
——专访北京外国语大学泰国专家葛潘·纳卜芭

通过"silent-way"带学生进入泰语的语言环境，让学生去感知、体会新的语言，这种方法比较有成效，学生也配合她。

日常生活中，老师可以用中文进行简单交流，她笑着说自己买东西还会讲价。并且，多年来北京外国语大学亚非学院的老师同学们都会帮助她进行工作，沟通信息。

谈到葛潘老师长相与中国人无异，她笑了，说自己这么多年受到中国很多影响，相貌自然也就慢慢改变。但是中泰文化还是有相异之处，例如中国是父系社会，泰国是母系社会。她虽然适应能力很强，习惯在中国生活，但她有些生活方式还是保持泰国的传统，根深蒂固无法改变。这也很大程度来源于佛教的影响。

葛潘老师认为，万物皆有生有灭，人终有一死，要在有限时间做应该做的、有益的事情。佛教重视因果报应，所以人们要注重做有功德的事。关于轮回，她说自己相信果报。如果人能够摒弃贪念、邪念、无知，能够做好事，保持纯洁心灵，就能够涅槃。世间苦乐不断，灵魂在其中轮回，不能成佛。唯有追求自我的解脱，不执着于苦或乐，灵魂才能得到升华。

她对佛教的认识很高深，强调生而在世，要追求幸福，而非成功。正是有这样的想法，她才会远来中国教书，为学生默默奉献着自己的热情，对她来说，这就是最大的幸福。

多年来，葛潘老师全身心投入教学，工作勤谨负责。她教学方法多元，形式活泼，让学生们不觉学习枯燥。她认为想要很好地掌握一门语言，仅靠课堂的学习时间是不够的，所以她总会义务为学生补习功课，利用课余时间给他们辅导，因材施教，针对每一个人采用不同方式，培养他们听说读写的能力，培养他们的泰语思维。她从来都是笑着和学生交流，聊学习、聊生活，把学生当作自己的孩子来对待。有时候她还会给学生们做一些泰式简餐，让他们从细微处感受地道的泰国文化。

葛潘老师对教学工作的热爱、对学生们的关怀几十年如一日，她的名字也成为北京外国语大学泰语系的"金字招牌"。2005年她获得国家外国专家局颁发的"友谊奖"，以表彰她为我国泰语教学以及中泰交流做出的贡

星火之光，得以燎原
—— 专访北京外国语大学泰国专家葛潘·纳卜芭

献，并受到温家宝总理的接见。2014年4月，在由全国范围的中国学生票选出50名"我最喜爱的外教"活动中，葛潘老师被评为全国"我最喜欢的外教"并获得"我喜爱的外国专家"一等奖。面对诸多荣誉，她还是平和如初，带着淡淡的笑容继续投入工作，已逾古稀之年依然不放松对自己的要求。2015年10月，葛潘老师得到了泰国清迈皇家大学荣誉博士称号，她认为教师在教学中不断完善自己、严谨治学是最基本的态度，只有这样才能教学相长，更好地教育他人。

现在，越来越多的中国人去泰国旅游、做生意，但是似乎中国人对泰国的了解仍然仅停留在泰剧、寺庙、人妖这种浅层次上，那么如何增进中泰两国的深度了解，如何打开双方语言与文化的屏障，更深地去感受泰国及其内在文化呢？葛潘老师强调文化媒介的重要性，如今旅游业的发展就是很好的媒介。中国人可以到泰国亲身感受那里的风俗习惯、文化特色。在感受中学习，在学习中反思，文化才有交流，交流才有意义。葛潘老师为增进中泰两国了解，多年来笔耕不辍，写过不少相关著作，内容涉及泰国古典文学、现当代文学，泰语教学教材，泰语教学方法，以及文学评论著作等，为传播泰国文化、促进两国思想文化交流做出了巨大的贡献。

  葛潘老师在北京外国语大学的教学加强了中泰两个国家紧密的学术交流。她对教育的热爱使知识跨越了国家和文化的界线，也培养出了社会各界的泰语精英。通过葛潘老师，我们也能感受到两个东方古国文化交流与碰撞的火花。

  星火之光，得以燎原，亦必照亮一片天空。

从历史感知中国文化
——专访北京外国语大学韩国专家具滋元

宋佳璐　北京外国语大学国际中国文化研究院

具滋元，1969年出生于韩国首尔，1994年来到北京大学对外汉语中心学习汉语，之后在北京大学历史系攻读硕士、博士，专业为中国古代史专业。2009年开始在北京外国语大学亚非学院担任韩语外籍专家。

（照片由具滋元教授提供）

2016年1月9日下午，在万圣书园醒客咖啡，我有幸采访了北京外国语大学韩语专家具滋元老师。具老师是一位严谨认真的学者。在中国待了20余年的他普通话非常流利，中文造诣颇深，他直言北京就是自己的家，在这里他有一种归属感。

宋佳璐（以下简称宋）：老师您好！我是国际中国文化研究院15级研究生，我叫宋佳璐。很荣幸能够采访到您。听说您的中文讲得非常好，您能跟我们聊一聊学习汉语的经历吗？在学习过程中，以您个人经验来谈，认为初学汉语有哪些困难和障碍，您又是怎样克服的呢？

具滋元老师（以下简称具老师）：我是1994年来到中国的，先在北京大学对外汉语中心开始学习汉语，然后在北京大学历史系读硕士和博士，专业是中国古代史。来的前一年刚开始学习汉语，当时请了一位中国人做了两个月的辅导。学习汉语过程中，儿化音是一个比较困难的问题，因为一开始我分辨不出"西直门到了"和"西直门儿到了"的区别，我以为那会是两个不同的地方；分不清买

从历史感知中国文化
——专访北京外国语大学韩国专家具滋元

东西时的"一块(钱)"和"一块儿(走)";分不清"一块二(一块两毛钱)"和"一块儿(一块加上儿化音)",闹了不少笑话。所以一开始这个儿化音让我很困扰。我那时候在北京大学读硕士,就我一个韩国留学生,同学都是中国人,刚开始交流是有点问题。我问他们为什么要加"儿"的时候,他们都跟我说习惯了,习惯使然。普通话是在北方方言的基础上形成的,然后又加上很典型的儿化音。汉语和英语有儿化音,日语韩语没有,其实在韩语和日语中,有很多相似的地方。北京话对我影响最深刻的就是儿化音了。

宋:儿化音对于初学汉语者确实会产生误导和歧义,那您是怎样克服儿化音或者诸如此类的障碍呢?老师可以跟我们分享一下您的经验吗?

具老师:其实,汉语和韩语之间发音上有所不同,尤其是韩语没有儿化音;还有L发音和R发音分不太清,日语韩语发音的时候舌头很平。学习语言,需要"多说""多听""多读"和"多写"。"多听""多读"和"多写"靠自己努力可以提高水平,但是"多说"是需要其他人帮助的。我觉得"多说"一个有效的办法就是说笑话，多讲多说，讲笑话的过程中有什么错误自然就被指出了，轻松幽默而且不怕出错，熟能生巧。对我们（尤其是韩国人）来说，卷舌音也很难掌握，"四是四，十是十，四十是四十，十四是十四"就很难。一开始上一个带南京口音老师的课，他常说一句"似不似（是不是）？"我在底下听得一头雾水。当时教材上有很多常用词汇是没有的，比如"零钱"，买东西时会说"多（少）钱/多少钱一斤"，但被问及有没有零钱，都是莫名摇头，不知"零钱"为何物，然后整钞找零，学期末回家时就会攒下满书包的零钱。

宋：老师您讲的这个事例就证明了那句话：尽信书不如无书。所以学海无涯，我们并非只是通过书本去了解世界接触未知。

具老师：是这样的。在学习汉语过程中，口音的问题也值得注意。其实韩语还有日语中的那些汉字发音大部分是发唐（代的）音。有个叫双冀的中国人，是五代十国中"后周"的地方官，956年到了高丽以后因生病继续留在

从历史感知中国文化
——专访北京外国语大学韩国专家具滋元

高丽，958年，双冀建议设立科举制度。这是韩国政治官职历史上很重要的事，除此之外，双冀还开始整理汉字。因他是福建人，所以韩语中有些汉字的发音就比较接近福建口音，比如感谢감사（像福建话"感谢"的发音）。相较而言，日、韩学生更容易学习福建话、粤语这样的南方方言，交流起来也会更容易一些。而且女性发音会比男性清晰很多，更易于理解。当然我在中国北方待了20多年，普通话基本交流目前是没什么问题了，有时听南方人讲普通话反而觉得他们讲得还不够好。南方人像两湖人分不清"n"和"l"，我读书时有几个同窗来自湖南，他们在宿舍交流讲湖南方言，听懂他们讲话对我来说是一个漫长的适应过程。

宋：老师您提到了口音问题，由于中国地域辽阔，人口众多又分散，方言种类繁多，不用说您有一个适应过程，有时我听到南方方言，比如吴语、粤语，也感觉像是出了国。方言的问题确实会影响到交流。我想起了一个问题，平时阅读和交流，您是习惯使用简体字还是繁体字呢？

具老师：最开始的时候是用繁体字阅读和练习的，后来慢慢就适应简化字了，因为书写起来确实比较简单方便。不过汉语水平还是读书的时候最好，那个时候常常用到，还不至于提笔忘字。因为我读的专业是中国古代史，从历史角度来读《春秋》《左传》《国语》《战国策》《史记》《孟子》《管子》和《资治通鉴》（这本只读了先秦部分）等等，重点读了前四史，还有《三国演义》，都是读的繁体字本。

宋：那么这些古籍中您最感兴趣或者印象最深刻的是哪一本？

具老师：《史记》。《史记》内容包罗万象，丰富翔实，我很喜欢读这本书。

宋：《史记》和《汉书》两书在体裁、规格等方面都有可比性，《汉书》语言庄严工整，多用排偶，遣词造句典雅远奥，与《史记》平畅的口语化文字风格很不同。而《史记》有很高的文学价值，您是更偏爱《史记》的文学价值吗？

具老师：这与我的专业有关。我的专业是中国古代

从历史感知中国文化
——专访北京外国语大学韩国专家具滋元

史,《史记》内容涉及领域众多,包括哲学、政治、地理、经济等等。我比较佩服司马迁,他在《货殖列传》中介绍了很多关于当时的社会经济状况,这些是很难能可贵的。到现在印象最深刻的还是《货殖列传》篇。《货殖列传》出自《史记》卷一百二十九、列传第六十九,是专门记叙从事商贸活动杰出人物的列传,也是最能反映司马迁经济思想和物质观的篇章。"货殖"就是指谋求"滋生资货财利"以致富,即利用货物的生产与交换,进行商业活动,从中生财求利。他所指的货殖,还包括各种手工业,以及农、牧、渔、矿山、冶炼等行业的经营。 西汉初年中国第一次全方位应用道家理论治国,产生了中华第一盛世——文景之治,《货殖列传》中关于道家的"低流之水"的市场机制,其有关理论和实践情况主要记述在《淮南子》《史记》《汉书》等道家诸书与史书中。司马迁在《史记·货殖列传》第一篇就讲述了市场自我调节的例子:东南西北方的物产各不一样,北有牦牛,西有畜牧,东有渔盐,南有木材,这些东西都是人民的生活必需品。北方也要用木材,南方也要用皮毛,这些社会现象不需要官府发布政令，征发百姓限期会集，人们可以各凭其能，各竭其力，各满其欲。所以，贱货能贵卖，贵物能贱买。人们各经其业，各从其事，就像水往低处流那样，日夜无休，不招自来买卖，不求自出交易。这符合大"道"，也是自然调节的证明。我的博士论文做的就是关于战国平民的日常生活，硕士论文做的是关于西周的贵族阶层的流动。

宋：老师可以谈一谈您的硕士论文吗？

具老师：我的硕士论文做得还不太成熟。那个时候我读先秦文献尚有障碍。比如，关于先秦的史料记载中，赵、魏、韩、燕三国能查到的资料就很少，甚至有一个中山国，史书只是提及，但是史料记载都语焉不详，真伪莫识，想多了解都有障碍；秦、楚、齐的史料则相对更多。这是其一。秦、齐、楚等国，南蛮、北狄、东夷、西戎、关中、巴蜀，早期我没有什么地理概念，理解起来很困难。这是其次。有时关于文化语境问题，会有导致一些理解上的偏颇。战国时期是政治、经济和军事等诸方面发生重大变化的时期。我的论文是从社会阶层为中心的角度来

从历史感知中国文化
——专访北京外国语大学韩国专家具滋元

考察战国社会变化的一个侧面。西周春秋时期由于是以血缘为中心的结构，社会阶层比较固定，因而统治阶层和被统治阶层之间的区别比较明显，阶层之间的变化极少。到了战国时期，政治和经济上的变化需要个人能力，即战国时期是自以血缘为中心的社会结构转入以能力为中心的社会结构的转折。这些社会变化成为阶层变化的重要因素。战国时期社会阶层的变化过程中平民的变化程度较大，有一些平民由于身份的上升，成为统治阶层，有一些平民沦为流民或奴隶。这与西周春秋时期固定身份的平民有所不同。

宋：确实，战国时期是一个礼崩乐坏、社会阶层剧烈变动的时代。那么您是怎样在文章中阐释这种不同的呢？

具老师：战国时期平民的变化主要有两种：一种是社会地位方面的变化，另一种是经济力量的变化。从社会地位变化的角度来看，主要是战国时期爵制的变化。战国时期出现了爵位与职位之间的不同局面。西周春秋时期统治阶层都具有爵位和职位，比较重视爵位，由于爵位的保有，得到相应的职位。战国时期是基本上继承自西周春秋时期以来的结构，但由于重视个人能力，从以爵位为中心的结构转移到以职位为中心的结构。因而发生职位与爵位之间的不同局面，即战国时期统治阶层都有职位和爵位，有时发生有爵无官或无爵有官的情况。从这些变化情况可以看到平民阶层内部的分化与变化。有些平民虽然属于平民阶层，但有时也近于统治阶层或是属于实际上的统治阶层，这也可以从经济力量的变化来看，是战国时期商品经济发展的结果。

宋：用今天的话说就是经济基础决定上层建筑。

具老师：当时平民主要分为农民、手工业者和商人。战国时期商品经济的发展使土地也成为商品，即战国时期农民基本为自耕农，由于土地买卖的发生，开始分化为地主和雇农；商品经济的发展导致手工业形态的变化和其规模的扩大，手工业者分为官营和私营手工业者，这种发展成为手工业者地位上升的重要因素。西周春秋时期的商人以贩运货物为主，战国时期商品经济的发展导致商人的变化，由于商品的价值和规模，贩运商人分为大、小商人；同时出现了屯积商人。战国时期手工业者和商人的社会地

从历史感知中国文化
——专访北京外国语大学韩国专家具滋元

位比农民低一些,由于经济力量,实际上社会地位比农民高一些。这些富裕的平民近于统治阶层,有时成为统治阶层。

宋:感谢老师跟我分享这么多专业上的问题。您在北京待了这么多年,想请您再聊一聊对北京的印象。

具老师:我刚来到北京的时候,同学会问我"从南朝鲜来的?"而不说韩国,我感觉那个说法很奇怪。中、韩1992年建交,我来北京的时候建交不久。饮食上感觉北京的菜偏咸、油大,韩国的食物普遍清淡,泡菜虽然辣,也不同于偏油偏咸的重口味。我之前的时候也没有现在胖。中国南方的菜也是偏油、偏甜。时间久了也慢慢习惯了,现在如果菜不油不咸,反而吃不下(笑),又适应不了韩国菜的清淡。

宋:饮食习惯是需要慢慢适应的。您觉得首尔和北京的饮食习惯有哪些差异呢?

具老师:现在我就很适应北京的生活,甚至感觉每次回来就像来到一个很有归属感的地方。在韩国是吃米饭的,一日三餐都是吃米饭,蔬菜也吃得比较多。北京茶馆比较多，北京人爱喝茶，在韩国人们多喝饮料、冰水。从健康角度讲喝温水、开水更利于养生。

宋：北京是一座很有历史的城市，老舍先生笔下的北平使人耳熟能详。在您眼中，北京有哪些有特色的景点、古迹呢？

具老师：圆明园，是一处特别有历史意义的地方。

宋：圆明园充斥着一种"晋代衣冠成古丘""但见古来歌舞地，惟有黄昏鸟雀悲"的历史沧桑感……

具老师：还有颐和园。我已经去过48次了，也即将开始第49次导游经历。我是韩国朋友的驻京办招待处（笑）。还有明长城、故宫、天坛，也很有味道。现在比较火爆的南锣鼓巷，外国游客很多，但并没有真正具有中国传统的东西，看一看就过去了，没有办法留下深刻印象。其次，798艺术区的建筑比较现代，常去那边散步。长安街上的建筑也很别致。其他的城市中，我觉得很"中国"的地方是西安。我1994年刚来的时候去那边看过碑林和秦俑，非常古朴。最近这几年到西安，感觉中国发展过程中的城市看起来千篇一律，现代的风格没什么显著特

从历史感知中国文化
——专访北京外国语大学韩国专家具滋元

点,大概都是以追求经济利益为主吧。相比而言,韩国在经济发展过程中,比较重视对传统古迹的保护。首尔也有急躁冒进的时期,但是在它600年的建都史里到现在还保留有很多古迹,还能看到很多唐代风格的建筑。最近首尔也在重新开发一些文化景点。日本也是如此。中国在这方面做得还不够。

宋:政府与社会已经注意到这些问题了,希望在不久的将来,对古迹、对传统的保护能逐渐改善。

具老师:希望是这样。刚来北京的时候,我也不太适应一些生活细节。90年代晚上一片漆黑,不同于韩国,没什么人。中国学生大概是太爱读书了,应该怎么说?

宋:学霸。其实也是跟两国生活方式和娱乐方式有关,当时中国还没有现在这种发达程度。

具老师:对对,我周围学霸很多,学习气氛很浓厚。刚来到中国的时候,很多中国人对韩国这个国家称呼很陌生,他们叫朝鲜(南朝鲜)。首尔过去也被称作汉城,2000年后这种情况好了很多。当时不存在什么交通堵塞,不会堵到几环,但现在北京交通问题很严重。另外雾霾也很严重,经常不舒服。韩国(首尔)也会堵车,不过只是在上下班的时候,不像北京周一、周五、周末都这么堵。

宋:这个问题相应地跟两个城市人口规模有关系。北京两千多万的人口,比首尔的一倍还多。

具老师:是啊。另外我的互联网时代是自来中国之后开始的,发现一个比较明显的问题,中国校园网速比韩国慢很多,有的时候下载纪录片需要好几个小时,而在韩国只需要几分钟。我想这也是中国高校建设中需要进步的地方。

宋:没有比较,就没有差别。感谢具老师抽出宝贵的时间接受我的采访,让我大开眼界,收获颇多。再次向您表示感谢!

北京：一座令人时刻想念的城市
——专访北京外国语大学拉脱维亚专家玛丽亚

张宜婷　北京外国语大学中文学院

玛丽亚（Marija Nikolajeva），中文名"周文馨"，拉脱维亚大学在读博士，研究方向为拉脱维亚语和汉语方位词；1995年进入拉脱维亚大学中文系，开始系统学习中国语言和文化；曾在拉脱维亚当地高中担任中文老师，推广中国文化。自2013年至今，

（照片由玛丽亚老师提供）

在北京外国语大学欧语学院教授拉脱维亚语，致力于推广波罗的海沿岸国家的文化与风俗。希望中、拉两国关系越来越密切与友好，两国人民之间的交流互动越来越广泛和深入。

寒风凛冽的北京冬夜，玛丽亚老师如约而至。她温暖恬淡的笑容，亲切随和的寒暄，伴着标准流利的中文，瞬间化解了我心中隐隐弥漫着的紧张与局促。初识的我们，恍若多年未见的老友，围拢在咖啡馆微微泛黄的灯光下，畅叙中国文化的广博精深，感叹京城历史文化的厚重底蕴。

中国文化：毕生追寻的精神世界

1995年，18岁的玛丽亚进入拉脱维亚大学深造。拉脱维亚大学第一次开设中文专业是在1993年。1995年，学校第二次开设中文专业。带着对未知语言文化的新奇与探索精神，玛丽亚立志学习中文，尝试走进神秘而伟大的东方文明。这个在当时看来简单且不经意的决定，却深深地影

北京：一座令人时刻想念的城市
——专访北京外国语大学拉脱维亚专家玛丽亚

响了她此后的治学与研究道路，并且使她结下了与中国文化之间的不解之缘。

那时，学校的课程设置涉及中国历史、文化、语言、音乐、书法等诸多层面，授课教师知识渊博，讲课内容宽泛而有趣，很容易激发学生们浓厚的学习兴趣。常言道，兴趣是最好的教师。然而，"书山有路勤为径"，唯有勤勉和坚持才是问学的"最佳捷径"。随着对异域文化新鲜感的逐渐褪去，玛丽亚老师慢慢感受到了独坐"冷板凳"的清苦心境："我们一个学期学习发音，一个学期学习写字，一笔一画，工工整整，必须努力记下所有的偏旁部首。我们需要沉静下来，强迫自己，日复一日地练习。其他院系的学生可以随时出去玩，而我们只能在房间里专心练字。"此刻，坐在对面的玛丽亚老师，淡然平实地向我讲述着求学历程，尽管她知道这一路上艰辛曲折，布满荆棘。

经过两年刻苦的中文学习之后，玛丽亚老师终于有机会赴中国台湾研修深造，这是她人生中第一次有机会直接感受与体验中国文化的魅力。在台湾期间，平日学习之余，她主动结交了许多朋友，在与朋友们的交流沟通中，切身体会到了东方文化的独特韵味。她渐渐感悟到,中文书里的每句话、每组词、每个字,甚至是每个字的结构,都代表了不同的意义,具有丰富内涵。例如,看起来意思相近的"独特""特别""独立",代表着三个不同的语境;"蜂蜜"和"蜜蜂",两个词汇中文字顺序的调换,带来了语义的巨大差别。即便是像"明天"这样一个简单的词汇,也包含着"明"字的意义、"天"字的意义,还有"明"字结构里面"日"和"月"的含义。"对我而言,中文不再仅仅是读书识字了,在阅读的过程中,我的脑海里会生动地浮现出一个个情景和图像",玛丽亚老师兴奋地讲述着,激动之情溢于言表。

结束了严谨扎实的4年中文专业学习,玛丽亚老师选择在拉脱维亚的一所中学教授中文。为了更好地激发学生们的学习热情,加深学生对中国文化的理解,她重温冯友兰先生的《中国哲学史》[1],深入研习古老东方哲学智慧的奥义。尽管在上学期间,她专门选修了"中国哲学史"课程,早年也曾略读过此书的俄文版,但那时对内容仅

---

1 冯友兰:《中国哲学史》,上海:华东师范大学出版社,2000年。

北京：一座令人时刻想念的城市
——专访北京外国语大学拉脱维亚专家玛丽亚

仅是一知半解。随着自身对汉学知识的不断累加，此时她对书中述及的中国古代哲学思想又有了更为具象而深刻的认识。玛丽亚开始通晓了"中庸之道"，体会了"道法自然"的要义——每个人都是宇宙体系的一部分，要跟随自然运行规律，不能妄自破坏自然体系的平衡。在她看来，中国的儒家思想和道家思想，诚然在表述上各有一套完整的理论和价值体系，但两种哲学思想的内在理论其实是相通的。儒家告诉人们，每个人要知道自己在社会的位置，做好自己的本分。道家指出，所有人都处于一个社会和自然的运转系统中，要做自己应该做的事情。儒、道两家都在教导人们如何遵守秩序。玛丽亚老师说，对于中国哲学的理解与思考，已经渗入到她生活的方方面面。在与朋友们的聊天讨论中，她常常不自觉地联想到孔子曾经是如何论述这些问题的。"我此刻和你聊天，就会想念这里，想念中国。我努力地呼吸这样的空气，感受周围的一切。我知道以后即便离开，也一定会再回来。我希望尽可能在自己的记忆中，留存下更多的中国味道。"玛丽亚老师一边缓缓述说着，一边将目光投向窗外的夜色，陷入回忆的沉思之中。

北京：传统与现代交融的都城

玛丽亚老师第一次来到北京是在1998年，行程匆忙，逗留的时间也很短。此后的十几年间，她也曾到中国旅游或参加学术研讨会，但是都没有来到北京。直到2012年，借着在北京转机的契机，她有机会在这里居住了两晚，第一次近距离领略了悠远深厚的京城文化，触摸到延绵跳动的历史文脉。当天，尽管北京的雾霾尚未完全散去，她随身还带着行李，但内心的激动心情却怎样都抑制不住：走在长安街上，街道平坦宽阔，汽车川流不息；站立在天安门广场中央，视野所及，周围宏伟的建筑群尽收眼底；沿午门进入气势恢宏的故宫，明清两朝的皇家宫殿犹如一幅宫廷画卷徐徐在她眼前展开。让她最难忘的是天坛，尽管抵达时天色已晚，景区不再接待游客，但她透过周围院墙的缝隙，静静地看着数百年前帝王祭祀皇天、祈求五谷丰登的场所，依旧强烈感受到了中国文化的神秘力量。

北京：一座令人时刻想念的城市
——专访北京外国语大学拉脱维亚专家玛丽亚

　　2013年，玛丽亚老师有机会来到北京外国语大学欧语学院任教。这一次，她终于可以真正走进这个传统与现代互存、古典和摩登共融的魅力都市。授课之余，玛丽亚喜欢在颐和园散步，徘徊于颐和园长廊的彩绘故事之下。中华数千年的历史文化都浓缩在长廊的彩画里，让人流连忘返。在玛丽亚老师眼中，这一幅幅彩画，就像路边绘制的宣传标语，传递着中国传统文化的风采神韵和精神内核，极具北京特色。这个世界闻名的现代城市，尽管不免具有其他大都市的"通病"——人多、车多、楼多，但是一切都有条不紊，秩序井然。每个人穿梭于街巷间，努力工作，各司其职，像一个巨型机械上的小小螺丝钉，竭力发挥自己的光和热。不仅如此，令她更为喜爱的，是这里随处可见的友善、随和、热情的人们。她可以惬意地与他们聊天，请教各种看似浅显的问题，即便是第一次相识的陌生人，也不会产生像在西方国家那样的距离感和生疏感。玛丽亚认为，中国人世代因袭的文化与哲学思想，已经内化为人们的日常思维模式，浸润至行为方式的点点滴滴。

　　课余闲暇的时候，玛丽亚老师喜欢坐上特8路公交车，欣赏沿途的城市风景,感受生机勃勃的现代气息;喜欢在北京的夜晚,走在繁华的西单、中关村、王府井商区,悠闲地散步,逛逛书店,摆脱白天教课、看书的疲累,澄清自己的思绪。在偌大的北京城里,最让她惦念难忘的,其实是两个很小的地方:一个是她现在居住的北外专家楼对面种满玫瑰花的小花园,一个是北京外国语大学东院校门口的外语教学与研究出版社书店。小花园里孕育的是静谧祥和的校园生活,书店里的专业书籍则引领她在求知道路上不断前行。

专业研究:中拉文化交流互动的侧影

今年已经是玛丽亚老师在中国居住的第五个年头。学生们积极主动、乐观向上的学习精神,对语言学习的浓厚兴趣,使她拥有了一段愉快而难忘的教学经历。在教授拉脱维亚语之余,她还在继续撰写自己在语言学专业领域的博士论文,开展中文与拉脱维亚语的比较研究。

早在2009年撰写硕士论文之际,玛丽亚就曾以拉脱维

北京：一座令人时刻想念的城市
——专访北京外国语大学拉脱维亚专家玛丽亚

亚在国外媒体的形象研究为视角，探讨了中国与拉脱维亚之间的交流互动。当时，她选取中国、美国、英国三国各自具有影响力和发行量的报纸，对比研究一年来三国主流媒体对拉脱维亚的新闻报道。其中，有关中国的部分，她选取的是《人民日报》。那时候，正值全球金融危机发酵升温，世界经济形势一片低迷。美国对拉脱维亚的报道，客观平实，不带丝毫感情色彩，偶尔会有一些拉脱维亚人在美国的生活故事。而英国对拉脱维亚的报道，常常夹杂着大量负面情感，词汇选用的倾向性非常鲜明，看到报道的英国人肯定对拉脱维亚抱有悲观的印象。而中国的《人民日报》是三国媒体中提及拉脱维亚次数最多的。多篇报道指出，拉脱维亚风景秀丽，民众开朗乐观，即便笼罩在经济危机的阴影下，国家发展依旧还有很大的进步空间。这些文章都体现了中国与拉脱维亚之间的友好交往。

时下，中国与拉脱维亚的交流日益密切，中国文化在拉脱维亚的影响力也日趋扩大。2011年，拉脱维亚正式设立了孔子学院，会说中文、懂中国文化的人越来越多。2015年到2016年，有26位拉脱维亚学生得到了中国政府的奖学金资助，赴中国深造学习。而这个数字在20年前——玛丽亚刚刚开始学习中文的时候，是不敢想象的。可见，两国的民间交往已经从原来的一般层次交往逐步上升到人文学科和研究的高级层面，这一可喜的变化将更加有力地推动拉脱维亚民众对中国深入的了解与认知。

谈及中国文化的方方面面，述说北京生活的点点滴滴，玛丽亚老师提到最多的是"崇敬"和"喜欢"。她在访谈中频频向我致歉，谦逊地表示自己对于精湛的东方文化要义知之甚少，也没有致力于深广的中国古代哲学研究，仅仅是在读书学习与体验实践上，循循前行，不断加深着自己对中国文化的认知和理解。殊不知，在整个谈话席间，她言行举止中自然流露出的对中国文化的尊崇与热爱，着实已令我感慨良多，思绪万千。

告别玛丽亚老师，我走在北京深冬的寒夜里，耳边再次回想起她的话语，心里禁不住流淌着阵阵暖意："即便我现在身在中国，在北京，我依旧会不断想念这里，希望记住这里的一切，将它们印刻在我的脑海中。"

历史与现代交融的北京
——专访北京外国语大学法国专家刘安蓓

王巍超　北京外国语大学国际中国文化研究院

刘安蓓（Perne-Liu），法语外国专家，来自法国第戎，第戎大学历史学硕士，巴黎索邦大学对外法语专业博士，现在北京外国语大学法语系任教。[1]

第一次与PERNET-LIU老师见面是在北京外国语大学法语系的一节法语视听课上，她非常热情地欢迎我加入她的课堂。第一堂课我就被她妙趣横生的授课风格所吸引，课

---

[1] 因外籍专家个人原因，未能提供照片，特此说明。

堂上的每一刻仿佛都沉浸在经典的法式浪漫之中，而她每一次精彩的课程设计，都为学生们诠释了法语和法国文化的魅力。我向刘老师发出邀请之后，她非常愉快地同意接受采访。

北京是一个现代与历史交融的城市

刘老师2012年从法国来到中国，至今已在北京外国语大学的讲台上度过了近4年的时光。在我请她用一句话或者几个词语来形容一下她眼中的北京时，老师面带微笑，片刻思量之后说："那就是'现代'与'历史'。"

"北京是一个非常现代的城市，在北京的这些年，我觉得北京很多地方甚至比法国还要先进。"不过，刘老师又告诉我："北京的迷人之处，除了它的现代化之外，最重要的还是它的历史。"这座极具历史韵味的东方帝都里，名胜古迹众多，它们承载和记录着这个城市的过往。人们可以直接通过这些人文古迹触摸历史，追想过往。笔者向老师问到她最喜欢和最感兴趣的地方时，刘老师认为

历史与现代交融的北京
——专访北京外国语大学法国专家刘安蓓

北京的胡同绝对是不二之选。在春暖花开或者秋高气爽的时候,她很喜欢自己骑着自行车在胡同里面慢慢欣赏和品味这种很有历史感的画面。此外,景山公园也是一个她常去的地方,在故宫后面的这座小山上,可以眺望这座城市大致的轮廓,可以看到恢宏的故宫全貌、秀美的北海公园、笔直的鼓楼大街。这些满载历史和岁月的建筑都给这位来自异国他乡的老师留下了深刻的印象。

北京有着大大小小各具特色的公园。刘老师提到,每次在公园里停留或散步时,会看到有的人在晨练、有的人在打太极拳、有的老人在跳舞,当然还有孩子们在嬉戏。在大树参天或是山石静立的公园里,老老少少身姿的舒展,使得各个年龄段的人群与这片城市的一隅完整而又巧妙地结合起来,这让她不由得驻足。刘老师还说:"在类似的情景中,我并没有感觉到这是在中国或是在北京,而仿佛站在全人类的一个视角中,去感受人类的老、中、青三代人共同随着时间的推移不断发展的图景。"或许是因历史专业的学术背景和历史情怀,她在北京最深刻而又直观的感受就是:这个世界是不断传承的,

我们在这里，这里是北京
——外国学者视阈中的北京文化形象访谈文集

北京在中国的文明和历史长河中占据非常重要的地位。中国人要不断努力，把灿烂、优秀的文化和历史完整地留给下一代。

在与刘老师聊到在北京她最喜欢的元素时，老师非常认真地说："在北京，我最喜欢和最欣赏的是生活在这个城市里的人们。"看着早起地铁里急着上班的人们，他们行色匆匆，每个人都有着自己的方向和目的地。他们在这里汇集，在这里出发，为自己的理想奋斗。看着这样的情景与画面，老师说："这经常会让我非常感动。"得确，在北京这座发展极为迅速和忙碌异常的大都市里，在地铁、公交、街道等地方，每时每刻都有不断奋斗的人们。每个人都可能会在这里经受挫折，遭遇磨难，但他们又是那么的坚强，百折不挠。刘老师还说："我喜欢大城市的原因是，有的地方非常拥挤、嘈杂，但人们仍然在不断寻找自己的方向；同时也有一些地方极为安静，在那里我们可以停下来静静思考。一动一静，这两者都是生活。我们应该为理想忙碌，也应不时停下来，多看一看，多想一想，以此来享受活着的这个过程。"

历史与现代交融的北京
——专访北京外国语大学法国专家刘安蓓

每个班级都有一种积极的力量

在北京外国语大学,刘老师非常热爱法语教师这项非常有意义的工作。她从2012年来到北京之后,一直都在北京外国语大学法语系的讲台上教授法语,探索法语作为第二外语的语言教学方法,用心与北京外国语大学的同学们交流探讨,提高法语的教学水平。

我向刘老师请教,在北京3年多的法语教学过程中,什么是中国学生学习外语中最难克服的薄弱环节和问题,她微笑着跟我说:"我觉得我们不要先来看问题,应该先去看看成功的地方!"这样充满肯定的话语,对于每一个正在学习新语言的同学听来,会有很多的感触。仔细想来,很多时候正是因为那些"成功的地方",才让学生充满自信,不断努力、改进并提高自己。

采访中,刘老师特别强调:"在北外法语系每个班级里我都能看到一种积极的力量,同学们的学习方法非常有意思,从零起点到熟练掌握进步非常快。"她认为同学们摸索出来的很多学习方法对语言学习都是行之有效的,这可能要归功于中国学生在从小学习母语过程中所采用的方式和习惯。中国的学生非常重视基础知识，多听多练多写多背单词，不断加深对语言文字的记忆，养成了一种有计划的语言学习习惯。得益于这样的方法，北京外国语大学同学的听力都不错，口语和发音也很好。更为刘老师赞许的是，这种方法不仅仅适用于个别同学，它变成所有学生都在使用并非常认同的方法。在每一个班级，都可以明显体会到大家对于学习法语的热忱和认真。学习一门语言肯定会遇到很多困难，而正由于这些"积极力量"的存在，才能够更好地解决学习中方方面面的问题，才能够不断进步和成长。在语言学习中，对所学习的语言国家的文化认同和理解更不是一蹴而就的，对它进行了解需要一个过程，需要慢慢品味和不断学习，我们要"活到老学到老"，要用一生的时间去学习。

另外，刘老师特别补充道："我们一定要看到同学们在学习时所体现出的那种乐于探索的精神。我们都知道，学语言的学生在思想上都非常开放和活跃，每一个人都是发自内心渴望了解外面的世界，这种好奇心会极大增强语言学习的动力。伴随着中国的发展，国家和学校都为同学们提供了越来越多的出国学习机会,也鼓励同学们学习第二专业及其他语言,这些措施都激励了以外语为专业的中国学生的学习积极性。"

中国传统经典用一辈子来研究也是不够的

在访谈过程中,老师得知我来自山东烟台,从她会心的微笑中,我感受到了她对中国不同地域风情的赞美和对儒家文化的兴趣。访谈中,刘老师问:"作为一个山东人,你是不是感到非常的骄傲?"原来刘老师在教学之余,还热衷于研读儒家经典。她曾读过《论语》《道德经》等与中国哲学相关的书籍。她的方法是先阅读法文译本,然后再看带有古文和现代译文的中文版。通过对比和阅读,她感叹道:"儒家经典的一些话,用一辈子的时间去研究都是不够的。"老师还补充道:"或许现在不少中国人都不会完整地去阅读这些典籍,也不一定会以学术的眼光去研究这些儒家经典,但是儒家思想及精神无时无刻不影响着每一个中国人的一言一行。"中国的传统文化和儒家思想不仅影响着中国人的思维特点和生活方式，也同时潜移默化地影响着像北京这样极富历史感的城市中的每一处极具历史韵味的陈设和图景。刘老师觉得中国非常了不起的地方是：在中国哲学思想中，有儒、释、道等不同的学说和流派，儒家、道家、佛教在历史长河的演变中不断交融，在各自的发展中又相互补充与平衡，最终体现出一种难得的和谐。

访谈临近尾声，我们谈到了中国悠久的饮食文化。除了中国，法国也是一个热爱美食的国家。刘老师对北京的美食赞不绝口，她最喜欢的是一道传统小吃——"火烧"。像炸酱面、北京烤鸭等一系列传统的菜肴，也是她的最爱。她喜欢去尝试各种美味。

访谈结束时，老师还特意叮嘱，学习一种外语，不仅仅要学习语言技能，更要去探索语言背后的历史和文化。有的时候语言是神秘的，只要学习者循序渐进，日积月累，持之以恒，一定可以收获丰硕成果。在与刘老师的访谈中，笔者被老师认真的工作态度以及优雅的生活态度所折服，也感受到北京这座集传统与现代于一体的东方大都市对于外国专家的独特魅力。

后　记

"云天收夏色，木叶动秋声。"在这个夏天走到末尾的时候，案头的18份访谈录也已整理汇编完毕。

编本书的缘起是在北京中外文化交流研究基地的一次学术工作坊上。当时针对基地开展的学术活动，老师们讨论得热火朝天，时任基地主任的金莉教授和张朝意教授提议，基地的一个学术方向是推进北京与世界的文化交流，塑造北京新的文化形象和学术名片，而北京外国语大学有全国人数最多、国籍最广泛的外国专家群体，他们当中有的已经在北京生活工作了几十年，对这里的一草一木充满了感情；我们还有世界著名的汉学研究机构——中国海外汉学研究中心，每年有数十位知名汉学家到访，为什么不利用好这些学术资源做一个"汉学家和外国专家眼中的北京"访谈系列呢？这个建议得到了大家的一致赞同。我有幸得到基地的经费支持，组建了访谈项目组，制定了访谈计划，邀请了20多位来自北京外国语大学各个院系和语种的研究生、博士生同学积极参与到这个项目中。

一年多以来，课题组成员有的帮忙翻译相关的背景资料，有的利用各国汉学家来北京外国语大学访学、参观的机会，见缝插针对他们进行了采访；有的利用在国外短期留学的机会，专程前去拜访当地知名的汉学家；也有的在北京外国语大学多个院系领导和相关语种教师的帮助下，联系非通用语种的外国专家做访谈……采访小组通过确定采访人，收集背景资料，写采访计划，小组讨论修改，实地采访，写初稿，反复修改定稿，再请被采访人审阅等一系列工作，最终呈现了一篇篇精彩生动的访谈。在此，我要向以下参与课题的硕士、博士研究生同学们表示深深的感谢：于浩、王蓝、李先慧、余倩虹、胡文婷、陶欣尤、张宜婷、王寅冰、李莹莹、王巍超、宋佳璐、宋逸鸥、郑

后 记

爽、王静、罗咏诗、张工、陈凌菲、张天皓、左亚楠等。没有你们的付出和努力，就不会有这本访谈录的面世。

感谢北京中外文化交流研究基地的诸位专家学者，在项目进行过程中，多次对访谈提出指导性意见，对课题组给予了最大的支持。

最后还要感谢本书的责任编辑李媛，为这本小书的出版付出了很多心血。

"兼容并蓄，博学笃行"是北京外国语大学的校训，在这些数十年如一日为中外文化交流默默耕耘的大学者、老专家的鼓舞下，愿我们在探索求知的道路上继续勇往直前。

编者

2017年8月18日